So überwinden Sie Ihr seelisches Tief

Dr. Paul Hauck

So überwinden Sie Ihr seelisches Tief

Wege aus Niedergeschlagenheit und Traurigkeit

pal

Aus dem Englischen übersetzt
von Rolf Merkle
Titel der Originalausgabe: Depression

First published in Great Britain
by Sheldon Press SPCK, London

CIP-Titelaufnahme der Deutschen Bibliothek
Hauck, Paul:
So überwinden Sie Ihr seelisches Tief : Wege aus
Niedergeschlagenheit u. Traurigkeit / Paul Hauck. (Aus d.
Engl. übers. von Rolf Merkle). - 2. Aufl. - Mannheim : PAL-
Verl.-Ges., 1988
Einheitssacht.: Depression ‹dt.›
ISBN 3-923614-20-9

2. Auflage 1988
Herstellung: C. Bockfeld, Neustadt
Grafische Gestaltung: Stefanie Maag

Inhalt

Vorwort

Kapitel 1
Eine neue Sicht depressiver
Verstimmungen
9

Kapitel 2
Selbstvorwürfe
19

Kapitel 3
Emotionale Probleme
45

Kapitel 4
Selbstmitleid
63

Kapitel 5
Fremdmitleid
90

Vorwort

Depressive Verstimmungen zählen nicht zu den häufigsten seelischen Problemen. Dies sind Ärger und Angst. Die Menschen suchen jedoch weitaus häufiger Hilfe wegen Schuldgefühlen, Verzweiflung oder depressiven Verstimmungen als wegen Angst oder Ärger. Dies kommt wahrscheinlich daher, daß es als normal angesehen wird, wütend oder besorgt zu sein, während depressive Verstimmungen als ein Problem angesehen werden, das von Psychotherapeuten oft behandelt wird.

Unglücklicherweise wußte man bis vor noch nicht allzu langer Zeit recht wenig über Depressionen. Der depressive Mensch, der sich ablehnte, minderwertig fühlte und das Leben nicht für lebenswert hielt, wurde einer medizinischen Standardbehandlung unterworfen, die aus Tabletten und manchmal auch aus Elektroschocks bestand, ohne überhaupt zu verstehen, warum er depressiv war.

Diese Zeit gehört der Vergangenheit an. Dem depressiven Menschen ist es nun mit neuen Methoden möglich zu lernen, seine depressiven Verstimmungen, praktisch für immer, zu überwinden. Eine noch bessere Nachricht ist die Tatsache, daß ihm dies oft in recht kurzer Zeit gelingen kann, wenn er die richtige Hilfe und Unterstützung bekommt. Das ist das Anliegen dieses Buches. Ich möchte aufzeigen, wie sich Menschen deprimiert machen, wie sie ihre depressiven Verstimmungen aufrechterhalten, und wie sie sich in der Zukunft davor schützen können.

Dieses Buch ist für Sie, den Laien geschrieben, der die psychologischen Fachausdrücke der meisten Bücher zu diesem Thema nicht kennt. In einfachen Worten und mit zahlreichen Beispielen versuche ich zu erklären, was mir wichtig erscheint. Jeder sollte in der Lage sein, meine Worte zu verstehen und das Wissen im Kampf gegen seine depressiven Verstimmungen einzusetzen. Einige von Ihnen werden sehr viel profitieren, ja sogar in der Lage sein, ihr Problem fast völlig zu lösen. Andere werden gewisse Anfangserfolge haben, aber dann doch die Hilfe eines Psychotherapeuten benötigen, um das Problem vollständig zu lösen.

Auch wenn Sie für sich selbst keine Hilfe benötigen, so haben Sie vielleicht einen lieben Menschen, der Hilfe braucht. Betrachten Sie in diesem Fall dieses Buch als eine gute Quelle für Ratschläge. Sie können Ihrem Partner, den Eltern, Kindern oder Freunden helfen, ihre depressiven Verstimmungen zu überwinden, indem Sie ihnen vermitteln, was Sie aus diesem Buch gelernt haben. Sie können ihnen zeigen, wie viele Menschen ihr Leben geändert haben, nachdem sie die drei Hauptursachen depressiver Verstimmungen erkannt haben.

Wenn ich diese Ziele erreicht habe, dann bin ich mehr als zufrieden. Lesen Sie also weiter. Es gibt Hoffnung für Sie. Der Stoff für dieses Buch stammt aus dem Leben meiner Patienten, die ebenso deprimiert waren, wie Sie es sind. Ich konnte ihnen helfen. Auch Ihnen wird geholfen.

Dr. Paul Hauck

Kapitel 1
Eine neue Sicht depressiver Verstimmungen

Kurz nach meinem Universitätsabschluß begann ich, in einer städtischen Klinik für psychisch Kranke zu arbeiten. Fast jeder, der zu mir in Behandlung kam, litt unter unangenehmen Stimmungsschwankungen. Diese schwankten manchmal zwischen einer gedrückten und einer ausgeglichenen Stimmung oder zwischen einer Hochstimmung und einer ausgeglichenen Stimmung. Meine verblüffendste Patientin war jedoch diejenige, deren Stimmung auf dem absoluten Nullpunkt war und es auch blieb.

Für einen frischgebackenen klinischen Psychologen war dies eine äußerst frustrierende Herausforderung. Diese Frau war intelligent, gebildet und kam aus einem finanziell abgesicherten Elternhaus. Sie lebte in ihrem eigenen Haus und hatte eigentlich keinen Grund, deprimierter zu sein als all die anderen, deren Leben recht gut verlief. Deshalb fiel es mir schwer, mir vorzustellen, worüber in aller Welt sie so bedrückt war, und warum sie keinen Grund hatte zu lächeln.

Ruth war schon sehr lange depressiv. Sie war nun Mitte Zwanzig und hatte seit ihrer frühen Jugend depressive Phasen. Sie war, soweit ich mich erinnere, zwei oder drei Mal in einer Klinik gewesen und hatte schon die verschiedensten Medikamente und Elektroschock-Therapie versucht.

Ruth war ein häufiger Besucher unserer Klinik. Beinahe jeder Mitarbeiter hatte schon den Versuch unternommen, ihre Depressionen zu behandeln. In den ersten Wochen der Behandlung konnte ich nichts für sie tun. Ja, sie wurde eher noch deprimierter, noch abhängiger und war noch überzeugter, daß sie nie aus diesen depressiven Verstimmungen herauskäme. Und sie war im Begriff, mich davon zu überzeugen, daß sie damit recht hatte. Ich hörte ihr jedesmal stundenlang mit sehr viel Anteilnahme zu. Ich analysierte ihre Träume, wie ich es aus der Freudschen Lehre gelernt hatte. Ich ging mit ihr in die Kindheit zurück und versuchte herauszufinden, wo etwas schiefgelaufen war. Kurzum, ich tat alles, was man mir beigebracht hatte, aber es half ihr nicht. Stattdessen weinte sie noch mehr, als sie spürte, daß ich mir meiner Sache nicht mehr sicher war. Sie begann, mich jeden Morgen zu Hause, ehe ich ins Büro ging, mit dem Hinweis anzurufen, sie könne kaum den Tag beginnen, und ich solle doch bitte etwas sagen oder tun, das ihr Mut mache, nicht aufzugeben. Als sie nicht mehr in der Lage war, ihre Weihnachtskarten zu schreiben, und ihre Mutter zu ihr kommen mußte, um für sie und ihre Kinder zu kochen, da hielt ich die Zeit für gekommen, meine Therapiemethode kritisch unter die Lupe zu nehmen. Ich beschloß, das zu tun, was mir mein gesunder Menschenverstand vorschlug.

Meine psychoanalytische Ausbildung warnte mich davor, mit anderen Menschen als dem Patienten selbst zu arbeiten. Deshalb folgte ich nicht meiner Neigung, Ruths Mutter zu ermutigen, ihre Tochter alleine zu lassen. Es war mir ziemlich klar, daß ihre hilfsbereite Mutter so viel für ihre Tochter tat, wenn diese in Schwierigkeiten war, daß diese nie wirklich auf eigenen Beinen stehen mußte. Ehe Ruth sich selbst wieder aufgerappelt hatte, kam ihre Mutter und nahm ihr alle Verantwortung ab. Ruth war natürlich über die Hilfe erleichtert, aber sie fühlte sich auch minderwertig, da sie die Hilfe brauchte, und sie hatte Schuldgefühle, daß sie die Hilfe annahm.

In diesem Stadium meiner therapeutischen Laufbahn kam es mir nicht in den Sinn, Ruth ihre Schuldgefühle auszureden, die sie sich dafür machte, daß sie die Rolle des hilflosen Kindes spielte. Stattdessen dachte ich, etwas bewirken zu können, indem ich Ruths Mutter dazu bewegte, ihre Tochter alleine zu lassen. Ich bestellte ihre Mutter zu einem Gespräch ein und riet ihr eindringlich, ihre Tochter nur alle paar Tage zu besuchen, diese nicht mehr jeden Tag anzurufen und auch nicht mehr zu kochen oder sie und ihre Kinder zum Essen einzuladen.

Glücklicherweise nahm Ruths Mutter meinen Rat an. Sie verstand, was ich damit erreichen wollte. Sie hatte ein wenig Angst, was wohl mit ihrer schwachen und unselbständigen Tochter passieren würde, wenn diese sich nicht auf jemand Stärkeren verlassen konnte, aber sie hielt sich an meinen Rat und blieb ihrer Tochter fern.

Ruth machte nun eine sehr schwere Zeit durch. Da ihr aber niemand etwas abnahm, begann sie, für sich selbst zu sorgen. Ich ermutigte sie, ihre Sachen, so gut es ging, zu erledigen. Sie sollte nicht zu viel von sich fordern und bedenken, daß jeder kleine Erfolg ein Fortschritt war. Wenn sie nach ihrem eigenen Tempo arbeiten würde, dann war ich mir sicher, daß sie ihr Selbstvertrauen zurückgewinnen würde, auch wenn es Monate dauern würde. Ich redete mit ihr von Mensch zu Mensch, auch wenn ich aus psychoanalytischem Standpunkt ruhig sein sollte. Ich gab ihr Ratschläge über Ratschläge. Sie hörte zu, diskutierte mit mir darüber, ging nach Hause und versuchte, diese in die Tat umzusetzen, um mir dann die nächste Woche darüber zu berichten.

Nach wenigen Wochen rief sie mich nicht mehr jeden Morgen an. Sie kam mit ihrer Hausarbeit und den Kindern klar, und ihre Stimmung hellte sich auf. Ehe sechs Monate vergangen waren, war sie über dem Berg und wieder ganz die alte.

Ich war so erfreut über diesen Fortschritt, daß ich beschloß, darüber einen Vortrag auf einem bevorstehenden Treffen von Fachleuten zu halten. In diesem Vortrag versuchte ich zu analysieren, warum Ruth Fortschritte gemacht hatte. Ich wagte zu behaupten, daß sie nicht mehr depressiv werden würde, wenn sie so weiter machen würde wie in den vergangenen Monaten. Wenn ich heute auf diese Analyse zurückblicke, dann kann ich sehen, wie unvollständig mein damaliges Verständnis depressiver Verstimmungen war, und daß Ruth viel schneller hätte Fortschritte machen können.

Ich wußte damals nicht, wie ich mit Schuldgefühlen und Selbstmitleid umgehen sollte, Ruths größten Problemen. Deshalb hatte ich sie auch nur gestreift. Glücklicherweise hatte dies genügt, aber bei einem anderen Patienten hätte es genausogut auch nicht reichen können.

Auf der Tagung wurde ich für meine Bemerkung, daß ich bei der Patientin eine dauerhafte Veränderung bewirkt hätte, scharf kritisiert. Einer der angesehensten Fachleute äußerte sich wohlwollend darüber, wie Ruth sich verändert hatte. Gleichzeitig warnte er mich aber davor, zu optimistisch zu sein, daß Ruth nie mehr depressiv werden würde. Jeder wisse, daß Depressionen weitgehendst ein körperliches Problem seien und in Phasen verliefen. Ruth hatte schon mehrere solcher Phasen gehabt und würde sicher durch weitere gehen.

Das war vor ungefähr 20 Jahren. Ruth erlebte in diesen Jahren nur eine ernsthafte depressive Phase. Sie ist weiter auf die Universität gegangen und hat die ganze Zeit sehr gut für sich selbst gesorgt. Als Beweis für ihren Fortschritt habe ich die ganzen 20 Jahre über von ihr eine Weihnachtskarte bekommen, die sie einfach mit „Ruth" unterzeichnete.

Eine neue Theorie depressiver Verstimmungen

„Wie kann ich ihnen helfen", frage ich viele meiner Patienten, die zu mir kommen und mich um Hilfe bitten. Ich weiß nicht, wie häufig ich die Antwort bekommen habe: „Ich bin depressiv".

In all den Jahren wurde mir klar, daß Depressionen ein riesiges Problem sind. Fast jeder, den ich je behandelt oder den ich privat getroffen habe, hatte buchstäblich schon Dutzende depressiver Phasen. Die meisten waren leichter Art, aber einige waren auch sehr schwerer Art. Wenn ich die Häufigkeit depressiver Verstimmungen mit der anderer seelischer Probleme vergleiche, dann muß ich sagen, daß Angst fast ebenso häufig vorkommt wie depressive Verstimmungen, daß Ärger jedoch das häufigste Problem ist. Ich werde in diesem Buch auf das Problem des Ärgers kurz eingehen, da in letzter Zeit sehr gute Veröffentlichungen dazu erschienen sind. Ich schreibe dieses Buch, um anderen die neuesten Erkenntnisse über Neurosen zugänglich zu machen, und um meine neue Theorie depressiver Verstimmungen vorzustellen, die ich in über 100 Fällen überprüft habe.

Ich habe dieses Wissen auch auf mich selbst angewendet. Es hat mir geholfen, über Dinge hinwegzukommen, die mir sonst ganz schön zu schaffen gemacht hätten. Ehe ich diese neue Art des Denkens angewendet habe, hatte ich ebenso viele seelische Tiefs wie jeder andere auch. Wenn ich zurückgewiesen wurde, dann fühlte ich mich minderwertig und hatte Schuldgefühle. Ich mußte dann für Stunden oder gar Tage für mich alleine sein, ehe ich darüber hinwegkam. Leistete ich eine schlechte Arbeit oder schnitt ich in einer Prüfung schlecht ab, dann machte ich mir Sorgen und kam nur mit Müh und Not darüber hinweg. Wenn man mich ungerecht behandelte, dann zerfloß ich vor Selbstmitleid.

Gottseidank gehört das der Vergangenheit an. Ich habe viel in meinem Leben erlebt, und nicht alles war angenehm. Aber ich muß gestehen, daß ich in der glücklichen Lage war, eine liebe Partnerin, drei liebe Töchter und gesunde Eltern zu haben. Auch war ich nie arbeitslos, seitdem ich die Universität verließ. Ich hatte also vielleicht nicht dieselben Gründe wie andere, um deprimiert zu sein. Ich bin mir jedoch sicher, daß ich einen Unglücksfall in meinem persönlichen Bereich nur sehr schwer verkraftet hätte. Ja, auch heute würden mich solche Unglücksfälle noch ziemlich mitnehmen, aber ich bin mir auch sicher, daß ich mit ihnen heute aufgrund meines Wissens um depressive Verstimmungen viel, viel besser fertigwerden würde. Ich lebe nun schon so viele Jahre ohne depressive Verstimmungen, daß ich gar nicht mehr weiß, wann ich das letzte Mal deprimiert war. Ich kann mit schlechten Zeiten umgehen (vorausgesetzt sie sind nicht überwältigend), und ich habe Hunderten anderer gelehrt, dasselbe zu tun. Dies ist ein wichtiger Punkt. Es sind weniger die Katastrophen als die Alltagsprobleme, mit denen man lernen muß umzugehen. Wenn wir mit den täglichen Enttäuschungen, Niederlagen oder Zurückweisungen umgehen können, dann sind depressive Verstimmungen für uns nicht mehr so bedrohlich. Früher dachte man, daß Eltern Depressionen an ihre Kinder weitervererben so wie die Haar- oder Augenfarbe. Deshalb unternahm man auch so lange wenig dagegen. Die Menschen hatten die Hoffnung aufgegeben, etwas verändern zu können, von dem sie glaubten, es sei ihnen vererbt worden. Als sich dieser Standpunkt änderte, verabreichten die Ärzte Medikamente und Elektroschocks. Beides half auch bis zu einem gewissen Punkt, vor allem bei schweren Depressionen. Leichtere depressive Verstimmungen, über die man mit dem Partner oder einem guten Freund spricht, waren für die Fachleute nicht so interessant, und man erforschte sie deshalb auch nicht. Zwar sah Freud den offensichtlichen Zusammenhang zwischen Schuldgefühlen und depressiven Verstimmungen, aber er glaubte dann fälschlicherweise, daß Schuldgefühle entstehen, wenn sich Kinder sexuelle Phantasien über ihre Eltern machen. Einige seiner anderen Gedanken ergaben durchaus einen Sinn, aber sie waren für den Mann auf der Straße, der in einer Krise steckte, wenig hilfreich.

Es mag sein, daß wir alle mit einer Neigung zu depressiven Verstimmungen geboren werden, die einen mehr, die anderen weniger. Dies alleine kann jedoch nicht die einzigste Ursache dafür sein, wenn wir deprimiert sind. Wenn dem so wäre, dann gäbe es wenig, was man dagegen tun könnte. Es ist jedoch möglich, Menschen zu zeigen, wie sie über ihre depressiven Verstimmungen hinwegkommen können. Folglich ist es nur vernünftig anzunehmen, daß ihnen auch jemand gelehrt hat, deprimiert zu sein. Wenn Sie aus der Fassung geraten, dann geschieht dies ziemlich automatisch, da Sie dies von vielen Menschen, die auch so reagiert haben, gelernt haben und sehr geübt darin sind. Wohin Sie auch schauen, ob in Zeitschriften, in Filme oder ins Fernsehen, gleichgültig, wem sie zuhören, ob das Ihre Eltern, Lehrer oder Freunde sind, Sie lernen durch diese Einflüsse, neurotisch zu sein, und wissen es nicht. Sie haben Ihnen beigebracht, depressiv zu reagieren. Es liegt nun bei Ihnen, diesen Schaden, den die anderen

Ihnen ohne Absicht zugefügt haben, wieder gutzumachen.

Sie müssen sich neue Denkweisen aneignen und sich eine neue Einstellung gegenüber Menschen und Ereignissen zulegen. Wie können Sie das tun? Indem Sie depressive Verstimmungen als ein Gebiet betrachten, das man ebenso wie Geometrie, Geschichte oder Kunst studieren kann. Betrachten Sie den Rat eines Psychotherapeuten als einen Kursus zu einem gesunden Leben, der von einem Lehrer abgehalten wird, der Ihnen aufgibt, etwas zu lesen, der Sie bittet, einmal die Woche oder weniger zum Unterricht zu kommen, und der seinen Unterricht gewöhnlich für einen Schüler, manchmal aber auch für eine Gruppe von Schülern abhält.

Worauf ich hinausmöchte, ist, daß Sie sich nicht komisch oder andersartig fühlen müssen, nur weil Sie Depressionen haben. Sie sind so, wie Sie sind, da Sie gelernt haben, so zu sein, ebenso wie Sie gelernt haben, Ihre Muttersprache zu sprechen. Das, was Sie gelernt haben, war meistens unsinnig, aber Sie haben es gut gelernt. Da Sie das konnten, sollte es nicht allzu schwer für Sie sein, sich einige vernünftige Gedanken anzueignen, die Ihnen helfen, sich zu ändern. Sie haben bewiesen, daß Sie sich krankmachende Gedanken aneignen können. Was hält Sie davon ab, sich gesunde Gedanken zuzulegen? Es wird nicht so einfach sein, wie es klingt, aber Sie können es schaffen.

In der Tat kann Ihnen ein Buch helfen, sich von einigen Ihrer depressiven Gewohnheiten zu befreien. Es kann Ihnen zeigen, was Sie falsch machen, durch welche Denkgewohnheiten Sie sich weh tun, und durch welche Sie diese ersetzen sollten.

Es wäre unrealistisch, wenn ich sagen würde, daß man jede Art von Depression durch das Lesen eines Buches überwinden kann. Es gibt nämlich verschieden schwere Formen von Depressionen. Man kann sich wegen eines Anrufs, den man erwartet und der nicht kommt, diffus bedrückt fühlen. Man kann sich so schuldig fühlen wegen eines Autounfalls, daß man eine Weile in die Klinik muß. Dieses Buch wird Ihnen am meisten bei leichteren depressiven

Verstimmungen helfen, wenngleich Sie auch von ihm profitieren werden, wenn Ihre Depressionen stärker sind. Selbst wenn Sie eine schwere Depression nur etwas lindern könnten, statt sie völlig zu überwinden, wäre das nicht der Mühe wert, etwas darüber zu erfahren, wie man depressiv wird, und was man dagegen tun kann?

Einige Depressionen werden durch körperliche und nicht durch seelische Faktoren verursacht. Die ersteren sollten Sie von Ihrem Hausarzt behandeln lassen. Einige Depressionen, insbesondere wenn Sie ohne erkennbaren Grund depressiv werden, können durch Veränderungen in Ihrem Gehirn, durch Veränderungen in Ihrem Wasser- und Elektrolyt-Haushalt oder durch einen Zustand, den man Hypoglykämie nennt, verursacht werden. Hypoklykämie bedeutet, daß der Blutzucker, den die Zellen als Nahrung benötigen, gering ist. Menschen, die unter Hypoglykämie leiden, fühlen sich ruhelos, benommen oder deprimiert. Einige Fachleute glauben, daß Menschen, die unter bestimmten Formen von geistiger Behinderung und Schizophrenie leiden, und die meisten Alkoholiker einen geringen Blutzuckerspiegel haben.

Wenn Sie vermuten, daß Sie unter Hypoklykämie leiden, dann gehen Sie zu Ihrem Arzt und lassen einen Test machen. Wenn Sie jedoch in Ihrem Leben etwas finden, das nach Ihrer Ansicht Ihre depressive Verstimmung ausgelöst hat, dann haben Sie wahrscheinlich eine seelisch bedingte Depression. Lesen Sie dann bitte weiter.

Die 3 Ursachen depressiver Verstimmungen

1. Selbstverurteilung

Wenn Sie sich ständig selbst verurteilen, sich hassen oder denken, daß Sie der letzte Mensch sind, dann werden Sie ganz sicherlich depressiv. Es spielt keine Rolle, wofür Sie sich Vorwürfe machen, solange Sie sich dadurch selbst quälen. Vielleicht machen Sie sich Vorwürfe, weil Sie nicht befördert wurden, weil Sie nicht in einem Sportwettbewerb gewonnen haben, oder weil jemand vergessen hat, Ihnen „Guten Tag" zu sagen. Sie müssen sich einfach Vorwürfe machen und schon werden Sie depressiv. Wenn Sie sich lange genug verurteilen, dann geraten Sie ziemlich aus dem Gleichgewicht, es ist Ihnen wahrscheinlich nach weinen zumute, Sie werden ganz still und wünschen sich vielleicht sogar zu sterben.

Wenn Sie sich nur ein wenig kritisieren, dann werden Sie sich nur unbehaglich und bedrückt fühlen. Dieser Zustand ist dann nicht ernst, aber er kann Ihnen einen schönen Abend verderben, eine Party oder einen Besuch ruinieren, und die Menschen um Sie herum fühlen sich beklommen.

2. Selbstmitleid

Der zweite Weg, sich deprimiert zu machen, ist, sich zu bemitleiden. Bedauern Sie sich selbst, wenn Sie jemand ungerecht behandelt, und Sie werden bald deprimiert sein. Wenn Sie ein langes Gesicht ziehen, um von anderen Sympathie zu bekommen, dann werden Sie über kurz oder lang deprimiert. Wenn Sie denken, daß Ihnen die Welt etwas schuldet, und Sie finden heraus, wie ungerecht das Leben ist, dann sind Sie deprimiert.

Dies mag für Millionen von Menschen überraschend sein, aber es wäre besser für sie, sie hätten gelernt, daß es neurotisch ist, darauf zu bestehen, daß andere uns fair behandeln, uns freundlich begegnen, wenn wir freundlich sind, und daß die Welt ein anständiger Ort sein muß. Wenn wir solchen Unsinn glauben, dann müssen wir depressiv werden, verletzt und ärgerlich sein, wenn die Dinge nicht so sind, wie wir denken, daß sie sein sollten.

Wenn Sie depressive Verstimmungen vermeiden wollen, dann müssen Sie lernen, daß ungerechtes und unfreundliches Verhalten eher die Regel als die Ausnahme ist, auch wenn Sie noch so liebevoll sind. Je eher Sie akzeptieren, daß die Welt immer so sein wird, umso besser geht es Ihnen.

3. Fremdmitleid

So wie Sie sich deprimiert machen können, wenn Sie sich einen Fuß brechen, so können Sie sich deprimieren, wenn ein anderer sich seinen Fuß bricht. Da unendliches Leid in der Welt herrscht, gibt es unendlich viele Gelegenheiten, sich mit den Schwierigkeiten Millionen anderer Menschen zu identifizieren, ganz zu schweigen von den engsten Familienmitgliedern. Natürlich sind die Schwierigkeiten und Leiden anderer Menschen real und manchmal ergreifend. Aber wenn Sie das Kind bedauern, das sich verletzt hat, oder den Mann, dessen Haus abgebrannt ist, oder die Mutter, deren Sohn gestorben ist, dann werden Sie ebenso deprimiert, als wenn Sie sich selbst kritisiert oder bedauert hätten. Ihre depressive Verstimmung wird genauso schwer sein, ungeachtet dessen, wodurch sie hervorgerufen wurde. Sie können sicher sein, daß Sie sich elend fühlen.

Dies sind die 3 Gründe, warum meiner Meinung nach Menschen depressiv werden. Auf den folgenden Seiten lernen Sie, warum Sie sich Vorwürfe machen und glauben, allen Grund dazu zu haben, warum Sie glauben, sich zu Recht zu bemitleiden, und warum Sie andere bedauern und sich unwohl fühlen, wenn Sie es nicht tun. Ferner erfahren Sie, warum es völlig falsch und auch dumm ist, sich zu hassen, warum Sie sich durch Selbstmitleid zu Ihrem eigenen und größten Feind machen, und warum Sie dadurch, daß Sie andere bemitleiden, das Selbstvertrauen der anderen untergraben. Ich werde Ihnen erklären, wie Sie Ihr Verhalten rechtfertigen, und wie Sie dieses ändern müssen, um zukünftige Depressionen zu vermeiden. Lesen Sie also weiter. Sie haben nichts zu verlieren, aber viel zu gewinnen.

Kapitel 2
Selbstvorwürfe

Wenn ich meinen Patienten sage, daß sie viel besser dran wären, wenn sie sich nie schuldig fühlen würden, dann schauen sie mich an, als ob ich meinen Verstand verloren hätte. „Wie ist es möglich, sich nicht schuldig zu fühlen, wenn man nicht perfekt ist?", fragen sie. Die Antwort ist wirklich ganz einfach: Geben Sie zu, daß Sie schuld *haben*, wenn Sie Ihrer Meinung nach etwas getan haben, was falsch, unmoralisch oder unnötigerweise schmerzhaft für andere war. Tun Sie das und nichts weiter. Ich versichere Ihnen, Sie werden von Ihrem nicht einwandfreien Verhalten so wenig aus der Fassung gebracht, daß Sie es ruhig und objektiv betrachten können. Sie werden sogar über Ihr Verhalten nachdenken, so daß Sie es in Zukunft wahrscheinlich vermeiden werden.

Die meisten Menschen jedoch geben zu, daß sie schuld *haben* wegen ihres Fehlverhaltens und *fühlen* sich dann schuldig. Es ist dieser zweite Schritt, der ihnen Probleme macht. Er überzeugt sie, daß sie schreckliche, schlechte und wertlose Menschen sind, da sie sich schlecht verhalten haben.

Was heißt das, sich schuldig zu fühlen? Es bedeutet, daß Sie sich aufgrund Ihres Verhaltens *beurteilt* haben. Dieser Prozeß geht gewöhnlich so: „Ich bin schuldig für mein grobes Verhalten gegenüber dem Ober. Das bedeutet, daß ich schlecht bin". „Ich habe schuld, weil ich meine Frau herabgesetzt habe. Ich bin wertlos".

Sie haben *sich* als Mensch *aufgrund Ihres Verhaltens beurteilt.* Wenn Sie sich richtig verhalten, dann halten Sie sich für in Ordnung. Wenn Sie sich falsch verhalten, dann denken Sie, Sie seien wertlos. Aber müssen Sie so von sich denken? Müssen wir uns bewerten? Müssen wir uns einen Orden an die Brust hängen, wenn wir einer alten Frau über die Straße helfen, und müssen wir uns hassen, wenn wir eine alte Frau auf die Straße stoßen?

Sie werden nun sicherlich einwenden, daß wir uns schuldig fühlen *sollten*, wenn wir uns falsch benehmen. Sie werden darauf beharren, daß etwas mit einem nicht stimmen könne, wenn man eine alte Frau verletzt, einen unschuldigen Ober anschreit oder seine Frau in der Öffentlichkeit demütigt. Solch eine Person muß wertlos, böse und einfach schlecht sein. Nein, es gibt immer einen guten Grund, warum Sie sich falsch verhalten, ein Grund, der so gut ist, daß Sie alles Recht der Welt haben, sich Ihren Fehler zu verzeihen.

Drei Gründe, warum Sie sich keine Vorwürfe machen sollten

1. Dummheit

Unter Dummheit verstehe ich, nicht die Intelligenz zu haben, um sich so zu verhalten, wie man es möchte. Wenn jemand geistig behindert ist, können wir von ihm kaum erwarten, daß er sich fehlerfrei verhält. Und selbst wenn er nicht geistig behindert wäre, so könnte er trotzdem auf bestimmten Gebieten nicht so intelligent sein, daß wir ihm sein Fehlverhalten leicht verzeihen könnten. Schauen wir uns zuerst das Beispiel des geistig behinderten Kindes an.

Hans hat einen IQ von ungefähr 60. Er ist etwa 8 Jahre alt und liebt es, alles anzufassen. Eines Tages kommt er in Ihre Wohnung, findet eine Schachtel Streichhölzer und spielt mit ihnen. Unbeabsichtigt setzt er das Zimmer in Brand, und jemand wird verletzt. Nun wäre das ein sehr unglückliches Ereignis, aber würden wir sagen, Hans sei ein schlechtes und böses Kind? Ich hoffe nicht. Es war schließlich nicht seine Boshaftigkeit, die ihn veranlaßte, mit den Streichhölzern zu spielen, sondern seine Neugierde. Seine geringe Intelligenz verhinderte, daß er die Gefahr erkennen konnte, in der er war. Selbst wenn er das ganze Haus niedergebrannt hätte und jeder in ihm umgekommen wäre, so würde das nichts daran ändern. Hans hätte die Schuld für eine furchtbare Tat, aber es wäre dumm, sich dafür schuldig zu *fühlen*, da er sich auf die einzigste Art und Weise verhalten hat, wie sich geistig behinderte Kinder eben verhalten können: unintelligent. Es wäre auch dumm von den Erwachsenen, den Jungen zu schlagen und ihn anzuschreien oder ihn deprimiert zu machen. Kurzum, wir würden also die Tat beurteilen, nicht jedoch das Kind. Seine Handlung war schlecht, er nicht.

Nehmen wir ein anderes, alltäglicheres Beispiel, etwa ein junges Mädchen. Seine Eltern möchten, daß es Klavier spielen lernt. Es scheint jedoch, daß sie für dieses Instrument oder für die Musik ganz allgemein sehr wenig Talent besitzt. Unweigerlich wird sie schlecht spielen, langsam lernen und kein Gefühl für die Musik haben. In einem Wort, sie ist unintelligent, was die Musik betrifft. Es ist so, als sei sie auf diesem Gebiet in ihrem Leben zurückgeblieben und unfähig, gut zu sein.

Würden Sie denken, das Mädchen wäre schlecht, nur weil es schlecht Klavier spielt? Ich hoffe nicht. Wir kommen nicht in Versuchung, das Mädchen aufgrund seines schlechten Klavierspiels zu beurteilen, da nichts wirklich Schreckliches passiert ist.

2. Unwissenheit

Nehmen wir an, eine Person ist nicht geistig zurückgeblieben und tut etwas wirklich Schlechtes. Sollten wir dann schlußfolgern, daß diese Person wertlos und schlecht ist?

Stellen Sie sich vor, Sie sind ein frischgebackener Vater, und Ihre Frau nimmt sich den Abend frei. Sie müssen alleine für das Baby sorgen. Das Baby schreit, und Sie stellen fest, daß seine Windel gewechselt werden muß. Eine der Sicherheitsnadeln klemmt, und so versuchen Sie es mit Gewalt und das Baby wird verletzt.

Wieder wäre es richtig zu sagen, daß Sie schuld daran *haben*, das Baby verletzt zu haben. Sicherlich aber würden Sie zustimmen, daß

Sie sich deshalb nicht schuldig *fühlen* müssen. Natürlich würden Sie sich nicht über Ihren Fehler freuen. Das wäre in hohem Maße neurotisch. Sich schuldig zu fühlen, würde jedoch heißen, daß Sie denken, Sie hätten das Baby nicht verletzen *sollen*, und das wäre dumm. Sie sind ein unbeholfener und unerfahrener Vater, der sein Kind liebt und der möchte, daß es ihm gutgeht. Es wäre sehr überraschend, wenn Sie das Kind nicht von Zeit zu Zeit verletzen würden, bis Sie mehr darin geübt wären. Ihr Problem ist nicht, daß Sie ein verabscheuenswürdiger Mensch sind, da Sie Ihr Kind verletzt haben, sondern daß Sie unwissend sind. Mehr Übung wird Ihre Fertigkeit im Umgang mit dem Kind verbessern.

Unwissenheit bedeutet, daß Sie eine Fertigkeit bis jetzt noch nicht gelernt haben, während Dummheit bedeutet, daß Sie diese nie lernen werden, gleichgültig wie sehr Sie auch üben. Selbst ein Genie kann unwissend sein und viele Dinge nicht richtig machen, bis es die Gelegenheit hat, sie zu lernen.

Mütter haben oft ein großes Problem mit Schuldgefühlen, die sie sich über Fehler in ihrer Kindererziehung machen. Vielleicht haben die Kinder Drogen genommen, sind schwanger geworden oder wurden aus der Schule geworfen. Studiert man solche Vorfälle sorgfältig, dann findet man leicht viele Beispiele für mangelhafte Erfahrung in der Kindererziehung. Ich sage diesen Müttern oft, daß ich ihnen zustimme, daß sie schreckliche Mütter sind und ihre Kinder schlecht erzogen haben. Gleichzeitig aber betone ich die Tatsache, daß sie kein legitimes Recht haben, sich für ihre vielen Fehler zu hassen. Was immer sie in der Erziehung ihrer Kinder getan haben, taten sie mit bester Absicht und Liebe. Sie mögen ihre Kinder zu sehr geliebt haben oder zu sehr darauf bedacht gewesen sein, daß ihnen nichts passiert, und sie übertrieben gewissenhaft kritisiert haben.

Ihr Problem war nicht, daß sie wertlose Menschen sind, sondern nur schlechte Mütter. Und warum sollten sie keine schlechten Mütter sein? Viele von ihnen hatten ihre eigenen Probleme. Die meisten hatten jedoch nicht die richtigen Informationen über

Kindererziehung. Wenn sie nicht wußten, wie sie mit einem rebellischen Teenager umgehen sollten, sollten sie sich dann peinigen und schuldig *fühlen*, da sie schuld *haben*?

Ich habe eine ganz andere Einstellung zu solchen Fehlern. Ich weise diese Frauen daraufhin, daß die meisten von ihnen nie einen Psychologie-Kursus besucht haben. Viele von ihnen haben nicht die besten Bücher über Kindererziehung gelesen. Ich schärfe ihnen ein, nicht zu streng mit sich zu sein, oder sich nicht schuldig zu fühlen wegen ihrer fehlerhaften Kindererziehung. Sie konnten nicht tun, was sie nicht gelernt hatten. Die meisten von ihnen befolgten einfach die falschen Ratschläge, die sie auch schon von ihren Eltern bekommen hatten, die es gut mit ihnen meinten. Warum sollten sie auch nicht so handeln? Warum sollten sie nicht die Kindererziehungsmethoden nachahmen, die sie ihr ganzes Leben lang am eigenen Leib erfahren hatten?

Wiederum ist es ihre Unwissenheit, ein Mangel an Wissen über bessere Methoden, die ihre Probleme mit den Kindern verursacht haben. Es liegt nicht daran, daß sie einen schlechten Charakter haben, für den sie sich verurteilen sollten.

Schauen wir uns nun einen wirklich ernsten Fall an. Nehmen wir an, ein Jugendlicher lernt autozufahren. Zur Mittagszeit kommt er an eine Kreuzung, als gerade eine Gruppe von Kindern die Straße überquert. Anstatt auf die Bremse zu treten, tritt er auf das Gaspedal und tötet mehrere der Kinder.

Es versteht sich von selbst, daß die Eltern dieser Kinder über diese Tragödie sehr entsetzt wären und vielleicht den Wunsch hätten, den Jungen zu lynchen. Seine Eltern könnten auch sehr wütend auf ihn sein. Zu allem Übel könnte der Junge dazu neigen, sich deshalb so große Vorwürfe zu machen, daß er mit großer Sicherheit depressiv würde. Er *war* der Schuldige, der die Kinder tötete. Sollte er sich nicht auch schuldig *fühlen* ?

Nein. Er sollte sich nicht schuldig fühlen, da er einen guten

Grund für den Unfall hatte: Er ist unerfahren, untrainiert und immer noch unbeholfen hinter dem Steuer. Wenn er mehr Fahrpraxis gehabt hätte, dann hätte er ganz sicherlich nicht einen solchen Fehler begangen. Er ist also schuldig, da er unwissend war, aber nicht schlecht.

Sie mögen das Gefühl haben, daß mit dieser Denkweise etwas nicht stimmt, ja daß diese sogar gefährlich ist. Wenn wir Menschen nicht für ihre schweren Fehler verurteilen, wenn wir nicht möchten, daß sie sich über den Tod von anderen schuldig fühlen, was sollte die Menschen dann davon abhalten, immer neue Fehler zu begehen, und sich nicht einmal Gedanken darum zu machen?

Sie haben vergessen, daß dumme und unwissende Menschen sich nicht falsch verhalten wollen, oder daß sie nicht bemerken, daß ihr Verhalten falsch ist (so im Falle geistig behinderter Menschen). Sie haben natürlich vollkommen recht, daß man etwas dagegen unternehmen muß, daß geistig behinderte Kinder in Ihr Haus marschieren und es unbeabsichtigt in Brand setzen. Und man muß ganz sicherlich im Falle des jugendlichen Fahrers dafür sorgen, daß er an einer Kreuzung nicht so durcheinandergerät, daß er Bremse und Gaspedal verwechselt.

Im ersteren Fall werden wir darauf achten, daß unsere Haustüren beim Verlassen verschlossen sind, so daß Kinder nicht beliebig hineinspazieren können. Wir können darauf achten, daß Streichhölzer, Messer und andere gefährliche Gegenstände nicht in Reichweite der Kinder liegen.

Junge Menschen, die Fahrunterricht nehmen, könnten vielleicht üben, schnell zu bremsen, und auf einem Übungsgelände, auf einer ruhigen Straße oder auf einem Feldweg trainieren, ehe sie auf der Straße fahren dürfen. Das sollten wir tun, um solche Unfälle zu vermeiden. Wenn wir einen solchen Menschen stattdessen anschreien, nachdem das Unglück eingetreten ist, dann tun wir wenig Gutes und richten vielleicht einen großen Schaden an. Wir bringen ihn durch Schuldgefühle so durcheinander, daß er immer wieder darüber grübeln wird, wie der Unfall passieren konnte, statt darüber nachzudenken, wie er ihn in Zukunft vermeiden kann.

3. Seelische Probleme

Nun mag Ihnen der Gedanke kommen, daß es ein Verhalten gibt, das unverzeihlich ist, nämlich jenes Verhalten, das mit dem vollen Wissen um den Ausgang freiwillig begangen wurde. Nehmen wir den Fall eines intelligenten Jungen auf der Universität, der einen IQ von etwa 130 hat, jedoch so wenig lernt, daß er kurz davor steht, von der Universität verwiesen zu werden. Er weiß, daß er Gefahr läuft, die Universität verlassen zu müssen. Er weiß, daß er seine Prüfungen leicht bestehen könnte, wenn er studieren, die Mädchen und das Trinken aufgeben würde. Sie neigen deshalb dazu, darauf zu beharren, daß er sich schuldig fühlen sollte, da er intelligent ist und weiß, was mit seiner Karriere passiert. Dennoch geht er geradewegs auf sein Unglück zu.

Offensichtlich können wir sein Verhalten nicht damit entschuldigen, daß er dumm (zurückgeblieben) oder unwissend ist. Wir könnten sein Verhalten jedoch entschuldigen, wenn er seelisch gestört wäre. Wie sonst sollten wir ein solch dummes Verhalten verstehen? Mit anderen Worten, so ein Mensch ist nicht schlecht oder wertlos, da er das Geld seiner Eltern vergeudet und sie enttäuscht. So jemand ist neurotisch, rachsüchtig oder verängstigt. So jemand hat seelische Probleme, die ihn so handeln lassen, als sei er ein Idiot. Wenn Sie seine seelischen Probleme hätten, dann würden Sie wahrscheinlich genauso wie er handeln.

Ich kenne eine Menge vielversprechender Studenten, die sich genauso verhalten wie in diesem Fall. Wenn man ihre Probleme studiert, dann stellt sich immer heraus, daß diese Menschen große Angst davor haben, nicht den überhöhten Erwartungen ihrer Eltern gerecht zu werden. Der Gedanke zu versagen ist so schlimm für sie, daß sie es überhaupt erst gar nicht versuchen, zumal sie davon überzeugt sind zu versagen. Wenn man Ihnen Ihr ganzes Leben lang erzählt hat, daß Sie intelligent und großartig sind, und daß man sich sicher ist, daß Sie es zum Direktor einer Bank bringen werden, dann ist das eine schwere Belastung, eine solche Erwartung zu erfüllen. Anstatt Ihren Eltern mitzuteilen, daß Sie vielleicht nur ein gewöhnlicher Mensch sind, legen Sie es darauf an zu versagen. So können Sie Ihr Versagen immer damit entschuldigen, daß Sie es ja gar nicht versucht haben. Immer noch besser, als sich eingestehen zu müssen, daß man gar nicht so intelligent ist, wie andere glauben. Sie fühlen sich dann sogar weniger schuldig, wenn Sie sagen, daß Sie auf der Universität nur versagt haben, weil Sie nicht studiert haben, und nicht, da Sie kein Genie sind.

Nun nehmen wir an, Angst sei nicht im Spiel. Dann mag es an Groll, einem anderen Problem liegen. Ihre Eltern haben Sie vielleicht gezwungen, Medizin zu studieren, obwohl Sie dieses Fach hassen. Indem Sie herumhängen, zahlen Sie es ihnen heim, daß sie Sie nicht einen Künstler werden ließen, auch wenn es Ihnen selbst schadet. Ihr Studium leidet darunter, selbst Ihre Qualifikation, die Sie brauchen, wenn Sie je eine Kunstschule besuchen wollen. Sie entwickeln auch einige mächtige schlechte Angewohnheiten, die Sie überwinden müssen, wenn es Ihnen gelingt, Ihre Eltern umzustimmen. Sie wissen all das, aber Sie können nichts dagegen tun. Sie sind neurotisch und alle Vernunft der Welt wird Ihr momentanes Verhalten nicht ändern. Ihr Ziel im Leben ist, entweder zu vermeiden, daß Sie als unfähig dastehen, da Sie denken, Sie seien wertlos, wenn Sie nicht ein erstklassiger Student sind, oder so wütend über Ihre Eltern zu sein, daß nichts anderes zählt.

Verurteilen Sie sich nie für etwas, zu keiner Zeit und an keinem Ort

Wenn Sie sich schuldig *fühlen*, da Sie schuld an einem Fehlverhalten *haben*, dann verurteilen Sie sich. Das ist das Ungesündeste, was Sie tun können. Ich möchte Sie lehren, dies nie zu tun. Auf den folgenden Seiten hoffe ich Ihnen klarmachen zu können, warum es neurotisch ist, wenn Sie sich verurteilen, wohin das führt, und wie Sie die Selbstverurteilung überwinden können. Lassen Sie mich jedoch zuerst kurz erklären, was ich unter

Selbstverurteilung verstehe.

Selbstverurteilung beinhaltet zwei Angriffe: einen auf Ihr Verhalten und den anderen auf Ihre Person. Wenn Sie Tinte auf ein Möbelstück schütten, dann sind Sie vernünftig, wenn Sie sich für ungeschickt halten. Es ist jedoch nicht vernünftig von Ihnen, wenn Sie sich wegen dieser Ungeschicklichkeit selbst angreifen und sich allerlei unschöne Dinge an den Kopf werfen. Sie mögen unachtsam sein. Ihre Bewegungen mögen unkoodiniert sein. Sie mögen sogar so handeln, weil Sie boshaft sind. Aber Sie sind wegen keiner dieser Gründe ein Aussätziger. Wenn Sie sich für einen halten, dann haben Sie sich bereits verurteilt.

Ich kenne einen Mann, der bei einem Unfall unbeabsichtigt einen Fußgänger getötet hat. Natürlich mißbilligte er seine unachtsame Fahrweise sehr stark. Da er jedoch unfreiwillig den Tod eines anderen verursachte, entschied er, daß er sich nie vergeben sollte. Das ist Selbstverurteilung. Er verurteilte sich hierfür jahrelang. 10 Jahre lang war er mal mehr, mal weniger depressiv, ehe er lernte, daß seine Depressionen und seine Selbstverurteilung ziemlich neurotisch waren.

Sich selbst zu verurteilen, ist, wie wenn Sie Ihre schulischen Leistungen benoten. In der Schule ist es völlig korrekt zu sagen, daß Sie eine 1 für Geschichte oder eine 2 für Deutsch bekommen. Das macht aus *Ihnen* nicht einen erstklassigen oder zweitklassigen Menschen. Sie müssen das Fach von sich als Mensch trennen. Wenn Sie das nicht tun, dann werden Sie glauben, daß Sie o.k. sind, wenn Sie eine 1 bekommen, und daß Sie wertlos sind, wenn Sie eine 6 bekommen. Das genau passiert sehr häufig. Dasselbe trifft auf Bereiche außerhalb der Schule zu. Es trifft auf jedes Verhalten im Alltag zu. Eine Frau, die gegen ihre religiöse Einstellung handelt, indem sie abtreiben läßt, mag sich in ihren Augen unmoralisch verhalten haben. Sie wird sich jedoch auch als *unmoralischen Menschen* ansehen. Sie beurteilt *sich* nach ihrem Verhalten. Das bedeutet, daß sie nur dann ein wertvoller Mensch ist, wenn sie sich perfekt und ohne Fehl und Tadel verhält. Es ist offensichtlich, daß Menschen, die so denken, dazu verdammt sind, einen großen Teil der Zeit depressiv zu sein, denn: Wie oft ist es uns Menschen möglich, uns fehlerfrei zu benehmen? An diesem Punkt stellen mir gewöhnlich meine Patienten die Frage: „Wie kann ich mein Verhalten von meiner Person trennen? Mein Verhalten gehört doch zu mir". Im folgenden Kapitel werde ich darauf eingehen, wie Sie depressive Verstimmungen überwinden und Ihr Verhalten von Ihrer Person trennen können. Im Moment möchte ich Sie jedoch von der großen Gefahr der Selbstverurteilung überzeugen, indem ich Ihnen all die unglücklichen Folgen dieses Verhaltens aufzeige.

Selbstverurteilung ist eine gewalttätige Handlung gegen sich selbst

Halten Sie einen Moment inne und denken Sie darüber nach, was Sie sich antun, wenn Sie sich verurteilen. Zuerst halten Sie sich für nicht würdig, zu der menschlichen Rasse zu gehören. Sie sehen sich als abartig an. Sie besudeln sich mit unschönen Worten, sodaß Sie sich nicht ausstehen können, auch wenn andere Sie leiden können. Sie teeren und federn sich mit unsichtbarem Haß und Ekel. Manchmal bestrafen Sie sich körperlich mit einer brennenden Zigarette, oder Sie schneiden sich mit einer Rasierklinge. Immer behandeln Sie sich so, als ob andere Sie anspucken und wie einen Aussätzigen meiden sollten. Würden Sie nicht auch sagen, daß das Gewalt ist?

Nehmen wir einmal an, jemand anderer würde Ihnen all das antun. Würden Sie nicht um Ihr Leben kämpfen, um nicht auf so schamlose Weise behandelt zu werden? Natürlich, Sie wären verrückt, wenn Sie das nicht täten. Aber stoppen Sie diese Gewalttätigkeiten, wenn *Sie* sich das selbst antun? Keineswegs, Sie finden sogar Gefallen daran. Sie denken, es kommt über Sie. Es tut Ihnen sogar gut, denn Sie glauben, daß Sie sich durch diese Selbstquälerei von all Ihren Sünden reinigen.

Wenn es so gut ist zu leiden, wenn *Sie* sich das Leid antun, warum ist es dann falsch, wenn es Ihnen jemand anderer antut? Ja, wenn Sie vernünftig und realistisch darüber nachdenken, dann sollten sich all diejenigen, die sich selbst verurteilen, ins Gefängnis begeben und wirklich bestraft werden oder sollten freiwillig in einer Leprakolonie arbeiten. So seltsam es klingt, aber genau das tun einige hartnäckige Selbstverurteiler. In dem Glauben, wertlos zu sein und es zu verdienen, begeben sie sich in Gefahr, machen Konkurs oder versagen. Die meisten Selbstverurteiler gehen jedoch nicht so weit. Sie bestrafen sich im stillen, verfluchen ihre Existenz, während sie ihren Selbsthaß vor anderen zu verbergen versuchen, und erkennen nicht, wie ungerecht sie zu sich sind.

Selbstverurteilung ist immer gefährlich

Verurteilung ist nicht nur falsch, wenn Sie sie auf sich selbst richten. Sie ist auch falsch und gefährlich, wenn Sie diese gegen andere richten. Sie ruft dann Haß, Ärger und Gewalt hervor. Wenn Sie sich daran erinnern, was ich gerade über Selbstverurteilung gesagt habe, dann werden Sie sofort sehen, warum Verurteilung bei anderen dasselbe bewirkt. Wenn sich andere schlecht verhalten, dann neigen Sie natürlich dazu, diese auch als schlecht anzusehen. Sie werden zu dem, was ihre Taten sind. Bei guten Taten denken Sie, es mit guten Menschen zu tun zu haben. Bei schlechten Taten glauben Sie, es mit schlechten Menschen zu tun zu haben. Welch ein Unsinn! Wir vermischen das Verhalten mit dem Menschen.

Fast alle Gewalttaten, Kriege, Folter und Morde in der Welt kann man auf folgende schlimme Überzeugungen zurückführen: a) Es gibt schlechte Menschen auf der Welt, und b) schlechte Menschen sollte man aufs strengste für ihr schlechtes Verhalten verurteilen und bestrafen. Natürlich sollten sie zu unserer Sicherheit hinter Schloß und Riegel. Sie jedoch zu töten oder zu bestrafen, ist nichts anderes, als was diese taten, um unsere Aufmerksamkeit auf sich zu lenken.

Wir wollen jedoch nicht ins Extrem gehen. Die meisten von uns kennen noch nicht einmal einen Mörder. Wenn wir uns ein alltägliches Beispiel anschauen, dann wird uns die Gefahr der Selbstverurteilung deutlicher. Ihr Partner hat sich gerade einen neuen Wagen gekauft, ohne Sie zu fragen. Sie wollten überhaupt keinen neuen Wagen, aber Sie sind bereit, darüber hinwegzusehen. Aber Sie hatten noch nicht einmal die Möglichkeit, das Modell oder die Farbe auszuwählen, und das nach all dem, was Sie für ihn getan haben. Sie waren mehr als gerecht zu ihm. Sie haben nicht eine Mark ausgegeben, ohne ihn zuerst zu fragen. Nun entscheiden Sie, daß es schrecklich ungerecht ist (womit Sie völlig recht haben), und Sie werfen ihm alles an den Kopf, was Sie bisher an ihm gestört hat. Wenn Sie ihn so richtig haben runterlaufen lassen, werfen Sie etwas nach ihm, und schließlich wollen Sie, daß es ihm ganz erbärmlich zumute ist, und Sie gehen ins Bad und weinen. Wenn Sie das Bad abschließen können, ist die Wirkung umso besser.

Das ist kein Märchen. Das ist ein Ereignis, das sehr häufig in fast jedem Haushalt vorkommt. In einigen Häusern ist es ein tägliches Ritual wie das Geschirrspülen.

Die Frau in diesem Beispiel hat ihren Mann dafür verurteilt, daß er rücksichtslos ist. Tatsächlich sagt sie zu sich: „Er hat sich falsch *benommen. Er* ist schlecht". Und 99% der Menschen würden ihr zustimmen. Ich protestiere jedoch. Warum hat sie unrecht? Zuerst einmal ist ihr Mann ein menschliches Wesen. Er ist genauso unvollkommen wie sie auch. Das bedeutet, daß er einige Fehler haben muß. Wenn sie Rücksichtslosigkeit nicht als einen seiner großen Fehler dulden will, womit wäre sie dann zufrieden? Wäre sie glücklicher, wenn er Frauen vergewaltigen würde, sich Kindern unzüchtig nähern oder Geld veruntreuen würde? Nein? Dann sollte sie ihn vielleicht mit seinem Fehler akzeptieren und ruhig versuchen, ihn von seiner Gewohnheit abzubringen, anstatt ihm einen Grund zu geben, sie so sehr zu hassen, daß er, ohne sie zu fragen, bei nächster Gelegenheit einen Elefanten kauft.

Diese Art von Vorwürfen ist gefährlich, da sie Menschen

vertreibt, Ehen auseinanderbringt, Schuldgefühle und Depressionen bei dem Opfer hervorruft und Ihren Blutdruck und Ihre Magengeschwüre im Dreieck springen läßt. Man kann auf einen anderen nicht wütend sein, ohne dafür einen Preis zu bezahlen. Ich kenne Menschen, denen ihr Arzt gesagt hat, daß ihr Herz in einem schlechten Zustand ist und sie sich unter keinen Umständen aufregen sollten. Aber diese Menschen fahren fort, sich Tag für Tag über Millionen Dinge ärgerlich zu machen. *Sie* werden ihren Preis dafür bezahlen müssen. Jemand sagte mal, daß Ärger der Preis wäre, den *Sie* für den Fehler eines anderen bezahlen.

Selbstverurteiler sind eingebildet

Wenn Sie an die Zeiten zurückdenken, in denen Sie sehr viele Schuldgefühle hatten, dann können Sie sich sehr wahrscheinlich nur daran erinnern, wie minderwertig Sie sich fühlten, wie abstoßend Sie auf andere gewirkt haben mußten, und wie völlig wertlos Sie geworden waren. Deprimierte Menschen sind gewöhnlich bescheiden, es fehlt ihnen an Selbstvertrauen und sie haben eine schlechte Meinung von sich. Menschen, die sich vor sich selbst ekeln, als eingebildet zu bezeichnen, klingt unsinnig. Aber genau das ist der Fall.

Eine junge Frau erzählte mir kürzlich, daß sie schwanger sei und sich umbringen wolle. Sie fühle sich so schmutzig und beschämt. Jeder würde ihr Verhalten alles andere als eingebildet bezeichnen. Deshalb fiel sie auch fast vom Stuhl, als ich ihr sagte, daß sie eine der eingebildetsten Menschen sei, die ich je kennengelernt habe.

„Ich und eingebildet?", fragte sie erstaunt.

„Ja, sie. Sie halten sich für so unglaublich gut, daß sie keine Fehler machen oder etwas verpfuschen dürfen".

„Aber das ist wahr. Ich hätte nicht schwanger werden dürfen. Ich wußte es besser, aber habe es dennoch zugelassen".

„Was wäre, wenn eine ihrer Freundinnen schwanger geworden

wäre? Würden sie ihr Vorwürfe machen? Würden sie sie umbringen wollen? Würden sie sich weigern, mit ihr zu sprechen? Würden sie ihre Gesellschaft meiden, so wie sie jetzt denken, andere sollten sie meiden? Ganz sicherlich nicht. Wenn sie von anderen nicht grundverschieden sind, dann würden sie zu ihrer Freundin gehen, den Arm um sie legen und ihr alle Unterstützung und Liebe geben, die sie haben. Und sie würden es ehrlich meinen".

„Ja", sagte sie. „Sicher würde ich so handeln. Aber ist das nicht etwas ganz anderes?".

„Ich vermute, ja", antwortete ich. „Von Menschen wie ihr erwartet man, daß sie schwanger werden. Aber bei so Übermenschen wie ihnen ist das natürlich etwas anderes. Von *ihnen* erwartet man, daß sie keine Fehler machen. *Sie* können nicht romantisch und impulsiv sein. Das erwartet man von gewöhnlichen Menschen wie ihrer Freundin. *Sie* dagegen sind ganz anders. Ich vermute, sie gehören einer anderen Menschenrasse an".

Langsam dämmerte es der jungen Frau, daß sie anmaßend *war*, wenn sie sich ein unbekümmertes Verhalten nicht verzeihen konnte, während sie nicht zögern würde, es ihrer Freundin zu verzeihen.

Das ist eine grundlegende Eigenschaft aller Selbstverurteiler. Sie können nicht die häßliche Wahrheit ertragen, daß sie auch nur Menschen und damit fehlerhaft sind. Keine noch so große Anstrengung wird diese Eigenschaft völlig ändern. Dennoch hören sie nicht auf, unentwegt von sich zu verlangen, daß ihr Verhalten besser sein muß als das der anderen. Ehe sie ihr Fehlverhalten nicht abgelegt haben, glauben sie, die schlimmste Art der Behandlung zu verdienen.

Es ist höchste Zeit, daß wir voll und ganz anerkennen, was es heißt, Mensch zu sein. Nehmen wir an, Sie wären Gott und Sie würden beschließen, Ihre Planeten mit perfekten Geschöpfen zu besiedeln. Sie könnten sie alle sehr weise machen, mit enormer Intelligenz, erstaunlich schnellen Reflexen und ohne die Zeit der Jugend und des Alters. Denn selbst Gott kann nicht ein perfektes Baby machen, da laut Definition ein Baby ein noch nicht entwickeltes und unwissendes Geschöpf ist. Und Gott würde die älteren Menschen aus der Welt schaffen, denn wie sonst könnte er eine Welt fehlerloser Menschen haben, wenn er ihnen erlauben würde, älter und senil zu werden, und sie damit ihre Wachsamkeit verlieren würden, die diese Menschen so perfekt gemacht hatte. Er müßte also Menschen erschaffen, die mit jungen Körpern und einem ausgereiften Verstand geboren werden, und die für immer so bleiben würden, bis sie sterben (wenn wir mal annehmen, daß Gott sie nur eine bestimmte Zeit leben lassen wollte). Es gäbe keinen Alterungsprozeß, wie wir ihn kennen, denn das würde sicher zu fehlerhaftem Verhalten führen. In einer Welt perfekter Menschen hieße es: „Heute geboren, morgen tot".

Auf der anderen Seite könnten Sie, wenn Sie Gott wären, beschließen, nur Menschen zu erschaffen, die nicht perfekt sind. Wenn Sie das jedoch täten, dann würden Ihre Erwartungen an diese armen Sterblichen sicher ganz anders sein als bei einem Planeten mit perfekten Menschen. Von Sterblichen würden wir eine lange Zeit des Lernens erwarten. Es würde 16-18 Jahre dauern, ehe diese Menschen auf eigenen Beinen stehen könnten. Und wenn sie älter werden würden, dann würden wir erwarten, daß sie ihre Schnelligkeit und ihre geistige Wachsamkeit verlieren und in jeder Hinsicht langsam abbauen. Aber auch in ihren besten Jahren würden wir von ihnen allerlei dumme Sachen erwarten. Mit anderen Worten: Wir würden erwarten, daß einige Menschen einen Mord, Selbstmord, Diebstahl oder andere Verstöße begehen werden. Mütter werden ihre Kinder zu Tode prügeln. Väter werden Kriege erklären, um ihre Kinder darin sterben zu lassen. Diese Menschen werden ebenso leicht hassen, wie auch lieben können. Ja, sie werden zu erstaunlichen Leistungen in der Lage sein wie etwa die Besiegung von Krankheiten oder die Erforschung des Weltalls. Die gleichen Menschen werden aber auch viel Schaden anrichten, indem sie die Luft verpesten, so viele Menschen am Leben erhalten, daß ihr Planet droht, überbevölkert zu werden, oder so viele Atombomben bauen, daß sie damit ihre ganze Erde in die Luft jagen können.

All dies klingt für mich völlig vernünftig, da ich die Tatsache akzeptiere, daß der Mensch ein Mensch ist, daß der Mensch nicht perfekt ist, und daß er es nicht verhindern kann, einen großen Teil der Zeit verrückt zu sein.

Dennoch gibt es Millionen von Menschen, die darauf beharren, daß der Mensch nicht gewalttätig sein sollte, daß Kinder nicht sterben und Unfälle sich nicht ereignen sollten. Wie können wir nur so dumm sein?

Wieviel besser wäre es doch zu sagen: „Es wäre *besser,* wenn wir nicht gewalttätig wären. Wieviel *schöner* wäre es, wenn unsere Liebsten nicht sterben würden. Und wäre es nicht *wunderbar,* wenn sich keine Unfälle ereignen würden?" Diese Feststellungen ergeben einen Sinn, da sie Wünsche und Vorlieben ausdrücken und nicht Forderungen und Notwendigkeiten. Fordert man etwas, nur weil man es möchte, dann führt das zu seelischen Problemen, wenn man es nicht bekommt. Hören Sie auf, von sich perfektes Verhalten zu fordern, und akzeptieren Sie Ihr Verhalten, so wie es ist. Dann können Sie sicher sein, daß Sie sich und andere mehr lieben. Hören Sie auf, eingebildet zu sein. Denken Sie daran: Gott hat sich entschieden, die Menschen nach dem zweiten Plan, den ich aufgezeigt habe, zu erschaffen, nicht nach dem ersten.

Selbstverurteiler sind Feiglinge

Schuld ist eine fantastisch erfolgreiche Methode, um Menschen von bestimmten Handlungen abzuhalten. Es gibt nicht nur weniger Morde, weil man eine schwere Gefängnisstrafe dafür bekommt, sondern auch weil man sich davor fürchtet, mit einem Schuldbewußtsein leben zu müssen. Auf der ganzen Welt bleiben Menschen dem Gesetz treu, da ihr Gefühl für Schuld ihnen zu weh täte, wenn sie sich anders verhalten würden. Niemand bestreitet die Wirksamkeit unseres Gewissens als Wächter über unser Handeln.

Unglücklicherweise ist der Preis, den wir für den Einsatz von Schuld bezahlen, enorm hoch. Schuldgefühle halten uns nicht nur davon ab, uns schlecht zu benehmen, sie hindern uns häufig auch daran, uns mutig und feinfühlig zu verhalten. Wenn Shakespeare sagte, daß das Gewissen Feiglinge aus uns macht, dann drückt er damit genau das aus. Ich möchte Ihnen zeigen, wie Schuldgefühle solch einen Schwächling aus Ihnen machen, daß andere daraus aufs unschönste einen Vorteil ziehen können, und wie Schuldgefühle Sie dazu veranlassen können, Ihre eigenen Bedürfnisse bis zu einem Punkt zu verleugnen, wo Sie sich fragen, ob Sie noch Ihr eigener Herr sind und Ihr Leben noch in Ihrer Hand ist.

Hans ist ein gutes Beispiel dafür, was einem Menschen passiert, der sich schuldig fühlt. Während seiner Ehe hatte er einmal eine Affäre. Seine Frau wußte davon jedoch nichts. Aus Angst, seine Frau würde ihn ablehnen, behielt er sein Geheimnis über 10 Jahre für sich. Während all dieser Jahre glaubte er, kein Recht zu haben, sich gegen unvernünftiges Verhalten von seiten seiner Frau wehren zu dürfen. Seine Frau, die glaubte, er würde nicht für seine Rechte kämpfen, neigte dazu, ihn noch mehr auszunutzen. Ihrer beider Beziehung verschlechterte sich so sehr, daß er sie für ihre Unmäßigkeit und sich selbst dafür haßte, daß er so ein Feigling war und ihr nicht kontra gab. Sie wiederum haßte ihn, da er keinen Mumm hatte und ihr buchstäblich erlaubte, auf seinen Füßen herumzutrampeln.

Nach einiger Zeit begriff ich, wie er seine Schwachheit und Angst rechtfertigte. Er sah sehr leicht ein, daß er die Jahre hindurch sehr feige gewesen war. Er konnte jedoch überhaupt nicht verstehen, daß ich darauf beharrte, er habe keinen Grund, sich wegen seiner Affäre schuldig zu fühlen. Je früher er sie seiner Frau gestand, umso weniger könnte sie ihm diese unsichtbare Schuld vorwerfen.

Ich versuchte, Hans zu helfen, sich zu akzeptieren und mit seinen Selbstvorwürfen aufzuhören. Wenn er schließlich erkennen würde, daß seine Affäre das Ergebnis eines geringen Selbstwertgefühls gewesen war, das ein seelisches Problem und nicht die Eigenschaft eines schlechten Charakters ist, dann würde er in der Lage sein, seiner Frau die Affäre zu gestehen. Wie ich es vorhergesagt hatte, änderte sich ihrer beider Beziehung sehr stark, nachdem sie über den ersten Schock hinweg war.

„Wenn ich bedenke", sagte Hans später einmal, „was ich mir alles habe gefallen lassen, dann könnte ich mir selbst einen Tritt in den Hintern geben. Nur weil ich etwas getan habe, wofür ich mich geschämt habe, ließ ich alles mit mir machen, ließ mir von dieser Frau alles an den Kopf werfen, mich herumkommandieren und glaubte, ich müsse das hinnehmen. Es kam mir nie in den Sinn, mich zu fragen, was sie *mir* antat. Wenn ich sie so behandelt hätte, wie sie mich mit all ihrem Egoismus behandelt hat, dann hätte ich mir viel vorzuwerfen. Aber glauben sie, sie hat einen Moment darüber nachgedacht, wie sie mich behandelte?"

Hans neue Selbstsicherheit verschaffte ihm einen zusätzlichen Vorteil: Seine Frau gewann wieder Respekt vor ihm. Sie drückte es so aus: „Natürlich halte ich nun mehr von Hans. Wenn ich seine Stärke heute mit dem schwachen Charakter vergleiche, mit dem ich verheiratet war, dann denke ich, daß ich ihm mit meinem Nörgeln wohl so auf den Wecker gehen wollte, daß er sich schließlich wie ein Mann verhalten würde".

Eine der interessantesten und ungewöhnlichsten Folgen eines Schuldbewußtseins beobachtete ich bei einem Mädchen, das nicht nur depressiv war, sondern auch Stimmen hörte, die ihr sagten, sie solle ihre Mutter oder sich selbst töten. Mutter und Tochter stritten sich viel, und es gab die üblichen Szenen und häßlichen Worte, wenn sich die Dinge zuspitzten. Obwohl es die Mutter nur gut mit der Tochter meinte und diese nur verbessern wollte, erkannte sie nicht, wie feindlich ihre Tochter wurde, wenn sie ihr den ganzen Tag über sagte, wie sie ihr Leben zu leben hätte. Dieser Krieg dauerte einige Jahre, bis der Haß des Mädchens so groß war, daß sie ihn nicht einmal mehr wahrhaben wollte. Nun entwickelte sie diese Stimmenhalluzinationen.

Manchmal konnte das Mädchen diese Stimmen ignorieren, aber oft belästigten diese sie während eines normalen Gesprächs mit einem Freund oder beim Einkaufen. Dies machte sie völlig fertig, da sie nicht gleichzeitig zwei Gespräche führen konnte, ihrem Gesprächspartner aber auch nicht sagen konnte, daß sie Probleme mit einer inneren Stimme habe.

Das erste Mal hörte ich von diesem Symptom in einer Gruppentherapie-Sitzung. Ich fragte die anderen Gruppenmitglieder, was dieses Mädchen tun solle, um die Stimmen zu stoppen. Ihre Vorschläge sahen so aus: Finde eine Entschuldigung, um den Ort zu verlassen; sprich lauter, um die mörderischen Vorschläge zu übertönen; fange zu lachen an, um dich davon zu überzeugen, daß das Ganze lächerlich ist; rede nicht weiter, bis die Stimme verschwunden ist. Ich erklärte, warum wahrscheinlich keiner dieser Vorschläge helfen würde, und dann sagte ich ihnen, was meiner Meinung nach helfen würde. Ein weibliches Mitglied der Gruppe wurde fast ohnmächtig, als ich sagte: „Wir müssen sie davon überzeugen, daß sie sich nicht schuldig fühlen braucht, weil sie ihre Mutter töten möchte".

Lassen Sie mich meinen Gedankengang so erklären: Je mehr Sie sich über etwas Sorgen machen, umso wahrscheinlicher tritt es auch ein. Das junge Mädchen war sich dieser bedrohlichen Stimmen immer sehr bewußt und sehr darüber beunruhigt. Diese hätten sich nie so unkontrolliert ausgebreitet, wenn sie nicht so eine weltbewegende Sache daraus gemacht hätte, daß sie den Wunsch hat, ihre Mutter zu töten. Hätte sie diesen Wunsch ruhig akzeptiert, dann hätte sie darüber lachend hinweggehen können. Ich empfahl ihr, ihren Ärger als etwas ganz Normales anzusehen und sich klarzumachen, daß sie diese Gefühle schon unzählige Male, wahrscheinlich hunderte Male, gehabt hatte und dennoch nie nach ihnen gehandelt hatte. Sie solle ihrer Mutter vergeben, daß diese sie so frustriere, da ihre Mutter auch nur ein Mensch sei und lediglich versuche, ihrer Tochter so gut zu helfen, wie es ihr möglich sei. Jedes Mal, wenn die Stimmen sie belästigten, sollte sie so ruhig wie möglich darauf reagieren, nichts tun, um sie zu unterdrücken, sich nicht schuldig fühlen, und mit der Zeit würden sie sicherlich an Bedeutung verlieren.

Innerhalb eines Monats waren die Stimmen fast völlig verschwunden. Wenn sie ab und zu wiederkamen, dann analysierte sie ihre ärgerlichen Gefühle und beruhigte sich. Und da niemand in der Gruppe sie für einen schlechten Menschen hielt, nur weil sie ihre Mutter haßte, verlor sie ihre Angst vor diesen Gefühlen. Nun war sie in der Lage, ihrer Mutter auf gesunde Weise gegenüberzutreten, und sie erlaubte es nicht mehr, von ihr beherrscht zu werden. Diese Handlungsweise verhinderte die zahlreichen Enttäuschungen, die sie gewöhnlich durcheinander machten.

Das letzte Beispiel dafür, daß Schuldgefühle Feiglinge aus uns machen, ist das von Peter. Er war ein Alkoholiker, der sich häufig betrank, da sein Vater jemanden wollte, der mit ihm trank und die Runden in den Bars mitmachte. Peter war bei den Anonymen Alkoholikern (AA) und gab sein Bestes, um trocken zu bleiben. Aber von Zeit zu Zeit kam er deprimiert zu mir, da er es abgelehnt hatte, mit seinem lieben alten Vater zu trinken, und erst kürzlich seinem Vater nicht erlaubt hatte, seine drei Kinder auf die Tour durch die Bars mitzunehmen. Bei solchen Gelegenheiten pflegte der Vater, an Peters Schuldgefühl zu appelieren und darauf hinzuweisen, was er in den vergangenen Jahren alles für Peter getan hatte, und daß es nun Peters Pflicht als Sohn wäre, seinem Vater diesen kleinen Gefallen zu tun. Peter blieb standhaft und lehnte es ab, aber es tat ihm innerlich sehr weh, so zu handeln.

Ich versuchte, Peter zu zeigen, daß sein Vater nicht mehr als ein emotionales Baby war, wenn er diese lächerlichen Dinge verlange, und daß es ihn kaum umbringe, wenn man ihm diese abschlage. Dann zeigte ich Peter, wie er seinem Vater sehr leicht eine große Zahl von Gefälligkeiten abschlagen konnte, wenn diese ihm wichtig waren, ohne sich schuldig zu fühlen.

„Peter, wenn ihr Vater ihnen sagen würde, daß er ein starkes Verlangen habe, ihr Haus niederzubrennen, um etwas Aufregendes zu erleben, dann würden sie ihn doch auch nicht gewähren lassen, oder?"

„Natürlich nicht".

„Oder nehmen wir an, ihr Vater würde ihr Wohnzimmer als

Toilette benutzen wollen, würden sie ihn gewähren lassen?"

„Nein, natürlich nicht".

„Peter, nehmen wir an, er würde ihnen sagen, daß man von einem Sohn erwarten kann, daß er seinem Vater einen Gefallen tut, daß sie ihm für Jahre der Fürsorge etwas schulden, und daß er sie für undankbar, rücksichtslos und so weiter hält, da sie ihm nicht erlauben, ihr Haus niederzubrennen und ihren Teppich als Toilette zu benutzen, würde sie das umstimmen?"

„Ich weiß, worauf sie hinauswollen, Herr Doktor. Aber das ist etwas anderes".

„So? Was ist an diesen Beispielen anders gemessen an dem, was ihr Vater ihnen schon alles angetan hat? Er hat mitgeholfen, aus ihnen einen Alkoholiker zu machen und ihre Ehe zu ruinieren, und nun will er ihre Töchter in Gefahr bringen, nur um Gesellschaft zu haben. Nein, Peter, ich stimme ihnen nicht zu. Wenn sie ihm einige Dinge untersagen können, dann können sie ihm auch zwei weitere verbieten, die für sie wichtig sind".

Peter verstand. Anstatt seinem Vater zu erlauben, seine Schuldgefühle auszunutzen, sprach er mit ihm ein ernstes Wort. Er akzeptierte die kurzfristige Ablehnung für sein Verhalten und tat sich und seinen Kindern damit einen großen Gefallen. Er wäre dazu jedoch nicht in der Lage gewesen, wenn er nicht seine Schuldgefühle überwunden hätte.

Schuldgefühle verschlimmern Ihr Verhalten

Es wird uns eingebleut, daß es moralisch ist, sich für schlechtes Verhalten schuldig zu fühlen, damit der Schmerz, der mit den Schuldgefühlen einhergeht, so unangenehm ist, daß wir denselben Fehler nicht noch einmal machen. Wenn dem tatsächlich so wäre, dann wäre ich der erste, der dafür wäre, daß wir die größten Schuldgefühle in uns erzeugen und so immer weniger fehlerhaft werden. Unglücklicherweise ist dem nicht so. Tatsächlich funktioniert genau das *gegenteilige* Verhalten besser, d.h. machen Sie sich unter keinen Umständen Vorwürfe, sondern untersuchen Sie Ihre

Fehler und Sünden und versuchen dann ernsthaft, sie nicht zu wiederholen. Wenn Sie sich für Ihre Fehler verurteilen, dann sind Sie überzeugt, daß ein besseres Verhalten fast unmöglich ist, und daß ein schlechtes Verhalten genau das ist, was ein Unmensch wie Sie braucht, um bestraft zu werden. Nebenbei, wie sonst sollen Ihnen Ihre Fehler immer gegenwärtig sein, wenn Sie innerlich nicht Qualen leiden?

Schauen wir uns das Beispiel von Lucy an. Sie heiratete, ihr Mann ging mit dem Militär ins Ausland, sie fühlte sich einsam und hatte eine Liebesaffäre. Obwohl sie wegen dieser Affäre moralische Qualen litt, genoß sie diese doch genug, um Gedanken ans Aufhören oder ernsthafte Vorwürfe beiseite schieben zu können. Aber diese Affäre endete nach sechs Monaten, und kurz darauf fand sie sich in den Armen eines anderen Mannes wieder. Nun begann sie, sich selbst zu hassen. Nun, so dachte sie, sei sie eine Hure, ein verdorbenes menschliches Wesen, dem nicht zu helfen sei. Nun könne sie sich genausogut jedem Mann hingeben, der sie haben wolle. Eines Abends nach einer Party bemerkte sie, wie ein Mann von dem Fest ihr in seinem Wagen folgte. Was tat sie? Sie tat, was eine Hure eben tut. Sie hielt an, ging zum Wagen des Mannes und gab sich ihm hin. Dann ging sie heim. An diesem Abend erhielt ich den Anruf eines sehr weinerlichen Mädchens, das sich das Leben nehmen wollte und um Hilfe bat.

Es dauerte nicht lange, bis sie einsah, was sie sich antat. Sie änderte sich völlig, als sie erkannte, daß es ihre Selbstvorwürfe waren, die sie davon überzeugt hatten, daß sie ein rundherum schlechter Mensch sei, anstatt lediglich dumm und untreu. Ich war nicht ihrer Meinung, daß ihr Verhalten harmlos war. Von einem Bett ins andere zu springen, war bedenklich. Sie konnte sich eine Krankheit holen oder schwanger werden, und ihr Verhalten war sehr unfair gegenüber ihrem Mann. Ich beharrte jedoch darauf, daß sie sich nur deshalb so rücksichtslos verhalten hatte, da sie wegen ihrer Schuldgefühle so durcheinander war, daß sie keine andere Wahl hatte, als sich auf so selbstbestrafende Weise zu verhalten. Als sie dies verstand, war das Problem im Keim erstickt.

Es tut Ihnen nicht sehr weh, wenn Sie sich nur ab und zu Vorwürfe machen. Es sind die harten und langandauernden Vorwürfe, auf die Sie aufpassen müssen. Wenn Sie sich für wertlos halten, dann werden Sie darauf achten, daß Ihnen nichts Wertvolles passiert. Die schlimmsten Feinde, die wir haben, sind wir selbst. Wenn man einem Jungen sagt, daß er es nie zu etwas bringen wird, weil er bei einer Arbeit gemogelt hat, und daß er sich für all die Sorgen schämen solle, die er seiner Mutter zugefügt habe, dann wird er sich nicht für wert halten, von seiner Mutter geliebt zu werden. Er wird alles tun, damit ihn seine Mutter verabscheut. Seine Mutter hat ihm ja wiederholt gesagt, daß er ihrer Liebe nicht wert sei, und kann seine Mutter im Unrecht sein?

Selbstannahme ist die Medizin für die Heilung dieser Krankheit: Annahme seiner Schwächen, seiner menschlichen Fehler und Gewohnheiten, während man sich gleichzeitig sehr bemüht, diese störenden menschlichen Fehler, mit denen wir alle auf die Welt kommen, zu überwinden. Anderen zu vergeben, aber auch sich selbst zu vergeben, ist die große Lektion, die Selbstverurteiler lernen müssen.

Religion und Selbstverurteilung

Für einige von Ihnen klingen meine Bemerkungen, sich keine Vorwürfe zu machen, unmoralisch und sündhaft. Sie mögen schlußfolgern, daß ich alle Arten unmoralischen Verhaltens und alle Gewalt befürworte und daß ich die Menschen ermutige, all dies zu tun, ohne sich dafür schuldig zu fühlen. Dies ist sicherlich nicht der Fall. Tatsächlich behaupte ich, daß a) die meisten Menschen, die sich für religiös halten, es nicht sind, b) die meisten Menschen, die glauben, sie würden gemäß der Bibel ein gutes Leben führen, gerade das Gegenteil davon tun, c) daß meine Worte über das Sich-keine-Vorwürfe-Machen sehr christlich sind und d) von der Bibel befürwortet werden.

Unsere Religionen wollen, daß wir glückliche und zufriedene

Menschen sind, und daß wir andere lieben. Wenn wir uns irren, sagt unser Glaube, daß das menschlich ist. Wir sollen uns vergeben. Wir sollen denen vergeben, die gegen uns vorgehen. Erinnern Sie sich? Wenn Sie anderen für ihre Fehler keine Vorwürfe machen, dann vergeben Sie denen, was sie taten, oder? Und wenn Sie sich wahrhaft Ihre Fehler und Unzulänglichkeiten vergeben, handeln Sie dann nicht so, wie es die Bibel vorschlägt: den Nächsten zu lieben wie sich *selbst ?* Denken Sie daran, daß diese Worte der Bibel auf beide Seiten zutreffen. Sie sagen uns, andere zu lieben, aber uns selbst auch. Man könnte auch sagen: Mache anderen keine Vorwürfe, so wie du auch dir keine Vorwürfe machen würdest.

Jede Religion, die ich kenne, geht davon aus, daß wir Menschen eben Menschen sind, und daß keine noch so große Macht aus uns einen Gott machen kann. Mit anderen Worten: Alle Religionen akzeptieren die Tatsache, daß der Mensch schwach ist und sündigen wird, wie sehr er auch versuchen wird, es nicht zu tun. Er mag vielleicht in der Lage sein, sein schlechtes Verhalten beträchtlich zu verringern, aber es wird ihm nie ganz gelingen. Der Mensch ist nicht perfekt, und deshalb muß er sich fehlerhaft verhalten. Dies bedeutet, daß er stehlen, betrügen, verletzen und egoistisch sein wird. Nur Gott ist perfekt, aber uns schuf er unvollkommen. Deshalb hat er die Macht, uns zu vergeben, ungeachtet dessen, was wir getan haben. Ich kenne keine Kirche, die die völlige Vergebung durch Gott nicht zu einem ihrer zentralen Glaubenssätze gemacht hat.

Was ich damit sagen will, ist: Wenn Gott uns unser schreckliches Verhalten vergeben kann, sollten wir dann nicht genauso nett und großzügig zu uns sein? Vereinbart es sich mit unserer Religion, daß wir sagen: „Ich weiß, daß Gott mir meine Sünden vergibt, aber ich kann es nicht?" Damit würden wir uns über das Urteil Gottes stellen. Genau dies habe ich von einem psychologischen Standpunkt her versucht klarzumachen. Wir brauchen uns selbst nie für etwas zu verurteilen, da Gott uns als unvollkommenes Wesen erschuf. Er wußte dies in dem Moment, als er uns schuf, und er verurteilt uns nicht für die törichten Dinge, die man von unvollkommenen Menschen erwartet.

Wenn Sie der Lehre Ihrer Religion oder Ihrer Bibel folgen, dann zweifle ich nicht, daß Sie nur selten deprimiert sind, zumindest nicht wegen Selbstverurteilung. Dies ist ein wunderbares Beispiel, wo Religion und Psychologie Hand in Hand gehen und beide nahezu dasselbe sagen. Fühlen Sie sich also nicht schuldig, sich Ihre Schuldgefühle auszureden, wenn Sie sich das nächste Mal falsch verhalten. Denken Sie daran, daß Sie Ihrer Religion untreu werden, wenn Sie sich schuldig fühlen. Ich hoffe, daß Sie zugeben, schuld zu *haben,* aber sich dagegen wehren, sich schuldig zu *fühlen.* Sie können so vorgehen, ohne Ihre kirchliche Lehre zu hintergehen. Wenn Ihr Priester darauf besteht, daß Sie sich für Ihr Verhalten minderwertig fühlen sollten, dann sagen Sie ihm, daß er seine eigene Lehre nicht kennt und nicht die leiseste Vorstellung hat, was Religion bedeutet. Möglicherweise ist er ebensooft deprimiert wie Sie, da er glaubt, nicht erlöst zu werden, und daß er wegen bestimmter Verhaltensweisen, für die er sich sein Leben lang hassen muß, völlig wertlos ist. Wenn ein Priester seelische Probleme hat, dann können Sie annehmen, daß er seiner religiösen Lehre nicht besonders gut gefolgt ist. Christen und Juden haben viele weise Gedanken, die einen seelisch ein ganzes Leben lang gesund halten können, wenn man sie richtig interpretiert. Wenn also ein Priester oder jemand anderer gefühlsmäßig nicht stabil ist, dann ist er seiner Lehre nicht treu. Ich glaube, daß alle wichtigen Punkte einer gesunden Psychologie in der Bibel wiederzufinden sind. Der Grund, warum so viele Menschen trotz der Tatsache, daß sie Mitglieder einer Kirche sind, seelisch gestört sind, ist, daß sie die Lehre falsch lesen und es deshalb nicht schaffen, ein vorbildliches Leben zu führen.

Ich möchte damit sagen, daß Sie sich wahrscheinlich schuldig fühlen werden, wenn Sie wegen Ihres Fehlverhaltens keine Schuld zulassen. Sie denken, daß Ihre kirchliche Lehre möchte, daß Sie leiden. Sie haben unrecht. Die Religion sollte keine Peitsche sein, sondern eine Wolldecke. Wenn Sie deprimiert sind, sich schuldig fühlen, vor Wut schäumen oder voller Angst sind, dann sind Sie seelisch nicht gesund, und Sie leben dann auch nicht gemäß Ihres Glaubens.

Kapitel 3
Emotionale Probleme

Nehmen wir an, Sie stimmen mit mir soweit überein, und Sie möchten sich von der Last Ihrer Schuldgefühle befreien, dann werden Sie feststellen, daß das Verständnis dessen, was ich in Kapitel 2 gesagt habe, Ihnen einige Erleichterung verschafft, aber nicht genug. Um völlig über Ihre Selbstvorwürfe hinwegkommen zu können, müssen Sie noch darüber Bescheid wissen, wie alle emotionalen Probleme entstehen, und wie Sie diese überwinden können.

Warum Sie in Wirklichkeit außer sich geraten

Die meisten Menschen denken, daß wir aus einem der beiden folgenden Gründe aus der Fassung geraten. Sie glauben, daß schwierige Umstände oder unglückliche Ereignisse sie beunruhigen. Oder sie denken, daß jemand, mit dem körperlich etwas nicht in Ordnung ist, nicht anders kann, als seelisch gestört zu sein.

Ich bin der Überzeugung, daß der Hauptgrund dafür, daß wir seelische Probleme haben, der ist, daß wir uns diese einreden. Es sind unsere Gedanken, die uns Probleme machen, nicht unsere Eltern, Ehemänner oder Ehefrauen, oder unsere Chefs. Es ist nicht die Reifenpanne, die Sie in Wut ausbrechen läßt. Es sind Ihre Gedanken, die Sie sich machen, wenn Sie die Wagentür öffnen, Ihre Füße auf die verschneite Straße setzen und feststellen, daß es verdammt unangenehm sein wird, den Reifen zu wechseln. Es ist die Art und Weise, wie wir mit uns sprechen, die uns ruhig oder aufgebracht sein läßt. Ich nenne das die ABC-Theorie der Gefühle. Diese lautet: Wir können zwei Arten von Schmerz verspüren. Der erste ist ein körperlicher Schmerz und der andere ist ein gefühlsmäßiger Schmerz. Wenn Sie sich ein Messer in die Brust stechen, ich bezeichne das Messer als A und die Wunde in Ihrer Brust als C, dann werden Sie sicherlich zustimmen, daß A (das Messer) C (die Wunde) verursacht hat. Wenn durch ein Autounfall Ihr Bein gebrochen ist, ist das Auto A und das gebrochene Bein ist C. Das Auto hat Ihr Bein gebrochen, oder A hat C verursacht. Dies ist immer so bei körperlichem Schmerz, selbst wenn Sie sich selbst verletzen. Ihrem Körper ist etwas zugestoßen, das Sie leicht sehen können, und das gewöhnlich durch andere verursacht wird. Die Haut ist aufgeschürft, die Knochen sind gebrochen oder Blut fließt.

Oft verspüren wir Schmerzen, können aber kein Blut, keine gebrochenen Knochen oder Hautverletzungen vorweisen. Woher kommt das? Von B, Ihren Gedanken, die Sie sich über A machen. Es ist Ihr Denken, das Sie verletzt, nicht das, was andere tun oder sagen. Nehmen wir an, jemand beschimpft Sie. Seine Beschimpfung ist A. Sie sagen sich dann etwa folgendes: „Ist das nicht furchtbar, daß er mich nicht mag? Ich ertrage das nicht". So reagieren wir oft bei B. Als nächstes stellen wir bei uns ein Ärgergefühl oder Kopfschmerzen fest oder sind bei C deprimiert. Wir neigen dazu, die unfreundlichen Worte für unsere Mißstimmung verantwortlich zu machen, wo es doch tatsächlich unsere Gedanken über diese Worte waren, die uns verletzt haben. A verursacht uns keine seelischen Schmerzen, B (unsere Gedanken) tun das.

Die Gedanken, die uns bei B aus der Fassung bringen, nennt man irrationale Gedanken. Jeder von uns hat eine Reihe irrationaler Überzeugungen, die uns Schwierigkeiten machen. Trotzdem glauben wir sehr stark an sie. Wir sind so sehr im irrationalen, dummen und unlogischen Denken trainiert worden, daß Sie bei der Lektüre dieses Buches überrascht sein könnten, wieviel Unsinn wir für bare Münze nehmen.

Wenn Sie wirklich aufhören möchten, deprimiert, ärgerlich oder nervös zu sein, dann müssen Sie zuerst den Sinn der Aussage verstehen, daß Sie sich immer selbst beunruhigen. Dann müssen Sie herausfinden, mit welchen irrationalen Gedanken Sie sich permanent füttern. Und schließlich werden Sie verstehen müssen, daß Sie von dummen Gedanken beherrscht werden und daß Sie diesen geistigen Unsinn durch eher vernünftige Gedanken ersetzen sollten.

Ich will sagen, daß Sie niemand zu keiner Zeit und an keinem Ort durch etwas aus der Fassung bringen kann, wenn Sie es ihm nicht erlauben. Da Sie unvollkommen sind, wird es Ihnen nicht gelingen, Ihre irrationalen Neigungen immer zu bekämpfen. Aber es ist erstaunlich, wie erfolgreich Sie sein können, wenn Sie wissen, wie Sie aus der Fassung geraten sind, und was Sie tun können, um sich zu beruhigen. Ich habe dies bei vielen Menschen beobachtet, die die meiste Zeit ihres Lebens seelische Probleme hatten, aber lernten, sich überwiegend gut zu fühlen, als man ihnen zeigte, wie sie das tun konnten. Sie müssen jedoch sehr hart daran arbeiten, wenn Sie Ihr gegenwärtiges Denken in ein vernünftiges Denken umwandeln möchten. Wenn Sie sich frohe Gedanken machen, dann sind Sie fröhlich. Wenn Sie sich beruhigende Gedanken machen, dann werden Sie sich nicht ärgern. Und wenn Sie sich keine ängstlichen Gedanken machen, dann wird nichts in der Welt Ihnen Angst einflößen können.

In der Vergangenheit haben wir immer darauf beharrt, daß etwas oder jemand in unserem Leben sich ändern müßte, damit wir glücklicher sein können. Das ist falsch. Oft können oder wollen sich die Menschen um uns herum oder die Situation, in der wir leben, nicht ändern. Das bedeutet nicht, daß wir zu einem unglücklichen Leben verdammt sind. Wir können trotzdem zufrieden sein, auch wenn sich die Situation oder die Person in unserem Leben nicht verändern. Danken Sie Gott für diese kleine Gunst. Stellen Sie sich nur einmal vor, was das für ein Leben wäre, wenn dies nicht möglich wäre. Es würde bedeuten, daß eine Frau mit einem alkoholabhängigen Mann keine andere Möglichkeit hätte, als so lange deprimiert zu sein, bis dieser mit dem Trinken aufhört. Und wenn er nie aufhören würde? Sie müßte sich ihr ganzes Leben lang schlecht fühlen. Das ist Unsinn. Wir *können* uns zum Besseren ändern. Wir müssen lediglich unser Denken bei B korrigieren, und unsere Gefühle über A werden sich bei C vollkommen wandeln.

Die irrationalen Gedanken von Selbstverurteilern

Depressive Verstimmungen aufgrund von Selbstverurteilung werden niemals dadurch verursacht, daß wir versagt, gesündigt oder unbeabsichtigt jemanden verletzt haben. Depressive Verstimmungen aufgrund von Selbstverurteilung werden vielmehr dadurch verursacht, daß wir bei B glauben, 1) daß wir perfekt sein müssen, oder 2) daß die Menschen schlecht sind und scharf dafür verurteilt werden müssen. Das sind zwei irrationale Ideen, die uns immer depressiv machen, wenn wir an sie denken und von ihnen überzeugt sind, wenn wir falsch gehandelt haben.

Ich habe in Kapitel 2 erklärt, warum es töricht ist zu denken, Sie müßten perfekt sein. Ich habe auch erklärt, warum Sie niemals ein schlechter Mensch sind, auch wenn Sie schlecht gehandelt haben. Wenn Sie diese beiden Ideen wirklich in Frage stellen, dann sind Sie vernünftig, und Sie werden überhaupt nicht depressiv sein, auch wenn Sie die Schuld für eine ganze Reihe von Schandtaten haben. Aber Sie müssen energisch mit sich sprechen, sonst funktioniert es nicht.

Beobachten Sie zunächst, daß Sie, kurz bevor Sie depressiv werden, tatsächlich diese irrationalen Überzeugungen haben. Wenn Sie diese anfänglich nicht bemerken, dann verlangsamen Sie Ihr Denken und versuchen, sich bei dem Denkfehler zu ertappen. Es mag einige Übung erfordern, aber früher oder später werden Sie sicherlich laut und klar einige der irrationalen Gedanken hören, die Sie sich jahrelang bei B gesagt haben.

Einmal kam eine ziemlich deprimierte Frau zu mir, nachdem sie mit ihrem Mann gestritten hatte. Es schien, daß ihr Mann zu Recht einen Fehler bei ihr entdeckt hatte. Sie verteidigte sich, wurde aber trotzdem depressiv. Ich deutete an, daß sie sich wegen der Fehler, die er bei ihr entdeckt hatte, Vorwürfe machte, da man nichts taugen könne, wenn man nicht fehlerlos ist. Zuerst war sie nicht in der Lage, solche Gedanken bei sich zu hören, aber nach mehreren Wochen kam sie zu mir und sagte: „Ich fange an zu verstehen, was sie meinen. Die ganze Woche konnte ich mich plötzlich hören, wie ich zu mir die schlimmsten Sachen sagte. Es waren alles selbstverurteilende Gedanken über mich. Kein Wunder, daß ich depressiv werde".

Lassen Sie sich von diesen selbstverurteilenden Gedanken nicht irreführen. Sie gehen immer Ihren Gefühlen voraus, selbst wenn Sie sich nicht an einen einzigen Gedanken erinnern können, ehe Sie depressiv wurden. Die Tatsache, daß Sie sich scheinbar nichts gesagt haben, ändert nichts. Sie *haben* sich etwas Irrationales gesagt, wenn Sie sich nun schlecht fühlen. Glauben Sie mir für den Augenblick, und beginnen Sie, sich zuzuhören, *während* Sie aus der Fassung geraten. Denken Sie daran, daß Ihr Gehirn niemals schläft, selbst wenn Sie schlafen. Wie Ihr Herz hört es nicht auf zu arbeiten, bis Sie tot sind.

Nachdem Sie sich davon überzeugt haben, daß Ihre Stimmungen von Ihrem Denken verursacht werden, müssen Sie sich als nächstes davon überzeugen, daß Ihr Denken falsch ist. Um dies zu erreichen, müssen Sie dasselbe tun, das Sie auch getan haben, um sich von Ihrem kindlichen Aberglauben zu befreien. Sie glaubten früher, daß schwarze Katzen oder ein zerbrochener Spiegel Ihnen sieben Jahre lang Unglück bringen, und daß dunkle Räume gefährlich sind, da sie voller Gespenster seien. Glauben Sie heute noch an all das? Ich bezweifle es. Stellen Sie sich die Frage: „Wie habe ich mich von diesen Überzeugungen befreit, obwohl die meisten Kinder denselben Unsinn glaubten?" Sie werden feststellen, daß Sie, als Sie älter wurden, klarer über Geister nachdenken konnten, und daß Sie sich diese Überzeugungen bald ausredeten. Denken Sie daran, daß Sie heute nicht deshalb keine Angst mehr vor solchen Dingen haben, da die Geister verschwunden sind oder Sie keine Spiegel mehr zerbrechen. Immer noch kreuzen Katzen Ihren Weg. Mit anderen Worten, A (die Situation) hat sich die Jahre über nicht geändert, aber C (Ihre Ängste) haben sich geändert. Warum? Offensichtlich ist das Einzigste, was sich geändert hat, Ihr B, die Art wie Sie über A, d.h. Katzen, Spiegel und Geister denken. In dem Moment, in dem Sie davon überzeugt waren, daß solche Gedanken unsinnig sind, wurden Sie Ihre Angst los. Die Veränderung der Einstellung hat dies bewirkt.

Wie ändern wir unsere jahrealten Einstellungen und Überzeugungen? Auf diesselbe Weise, wie wir aufhörten, an den Nikolaus zu glauben. Indem wir sehr genau über den Nikolaus nachdachten und uns fragten, wie vernünftig es ist, so zu denken. Sie haben nicht deshalb aufgehört, an den Nikolaus zu glauben, da Sie älter geworden sind. Es war die Neigung, die Dinge zu hinterfragen, während Sie älter wurden, zusammen mit der Hilfe Ihrer Freunde, die auch alles hinterfragten, als sie älter wurden. Sie müssen sich Fragen gestellt haben wie: „Wie kann der Nikolaus am Nordpol all die Dinge bekommen, die er braucht, wo es dort keine Bäume, keine Straßen, keine Fabriken, usw. gibt? Wie kann er es nur schaffen, genügend Spielsachen in einem Jahr herzustellen, um all die Kinder auf der Welt zu beschenken? Und wenn er durch den Kamin kommen soll, was macht er dann, wenn einige zu klein sind oder ein Haus überhaupt keinen Kamin hat? Und müßte er nicht nach einer Weile so schmutzig sein, daß der Ruß ihn erstickt?" Und so weiter.

Diese Art des In-Frage-Stellens ist es und *nichts anderes*, das Ihre Einstellungen änderte. Die Zeit hat nichts direkt damit zu tun, wie Sie klar sehen können, wenn Sie auf die karibischen Inseln gehen, wo einige Menschen immer noch Nadeln in Puppen stecken, um ihre Feinde zu töten, oder wenn Sie daran denken, wie die Hexerei auf der ganzen Welt noch praktiziert wird. Diese Menschen halten nicht inne, um ihre Überzeugungen zu analysieren, und so fahren sie fort, weiter blind daran zu glauben.

Durch denselben Prozess haben Sie einige der größten Vorurteile Ihrer Kindheit geändert. Gab es nicht einmal eine Zeit, wo Sie dachten, es sei schockierend, sich vor dem anderen

Geschlecht nackt zu zeigen? Erzählen Sie mir nicht, daß Sie sich heute nicht vor Ihrem Partner ausziehen. Haben Sie sich nicht als Kind gewünscht, Cowboy oder Feuerwehrmann zu werden, denken aber heute nicht mehr daran? Haben Sie Ihre politischen Ansichten nicht über die Jahre hinweg geändert? All diese Überzeugungen waren einstmals sehr fest, aber sie haben sich über die Jahre hinweg verändert, da Sie diese überdachten, analysierten und ernsthaft in Frage stellten. *Das* hat sie verändert. Wenn Sie in der Lage sind, jahrealte Meinungen zu überdenken und in Frage zu stellen, dann können Sie auch die irrationalen Gedanken, die man Ihnen beigebracht hat, überdenken und in Frage stellen. Alles, was Sie tun müssen, ist, daß Sie sehr genau darüber nachdenken, warum Sie perfekt sein müssen, warum jedermann Sie mögen muß, oder wie Menschen Sie durch unfreundliche Worte verletzen können. Denken Sie über solche und einige andere Ideen nach, werfen Sie diese weg, oder ändern Sie diese in mehr vernünftige Gedanken um. Sie werden sich so von mehr geistigem Unsinn befreien, als Sie sich das vorstellen können.

Wie Sie mit Ablehnung umgehen können

Einer der Gründe, warum Menschen Angst davor haben, abgelehnt zu werden, ist die Überzeugung, daß eine Ablehnung bedeutet, daß sie schlechte Menschen sind, daß sie nicht abgelehnt worden wären, wenn sie anders wären, und daß die Ablehnung ein Beweis für ihre Wertlosigkeit ist. Gemäß dieser Sichtweise ist die Person, die einen ablehnt, immer im Recht und einem überlegen, während der Abgelehnte immer im Unrecht und irgendwie fehlerhaft ist.

Aber ist das wahr? Warum stimmt mit demjenigen etwas nicht, der mich ablehnt? Kann es nicht so sein, daß er nicht in Ordnung ist und er aufgrund seiner Schwächen, Eifersüchte und Vorurteile ein Urteil über mich fällt? Wenn Sie innehalten und bedenken, daß jeder Mensch, der je gelebt hat, noch lebt oder noch leben wird, von Zeit zu Zeit von irrationalen Gefühlen geleitet wird, wie können Sie dann weiterhin daran denken, daß jedes Urteil, das von solch irrationalen Menschen gefällt wird, eine richtige Feststellung sein muß? Es scheint mir, daß dies die erste Lektion ist, die wir über die Bewertung anderer lernen müssen. Andere können verächtlich, gemein, neidisch und mit Vorurteilen behaftet sein. Deren Ablehnung sagt mehr über diese als über Ihre Person aus. Wenn Ihr Freund z.B. zum Gemüsehändler geht und Trauben, Pfirsiche und Bananen, jedoch keine Äpfel kauft, was sagt er Ihnen damit über Äpfel? Daß Äpfel schlecht sind? Daß niemand anderer Äpfel schätzt? Daß Äpfel sich schämen und deprimiert sein sollten? Ganz im Gegenteil! Die ablehnende Haltung Ihres Freundes gegenüber Äpfeln sagt uns, daß *er* Äpfel nicht ausstehen kann und andere Früchte lieber hat. Andere Menschen werden die gleichen Äpfel zweifellos sehr gut finden. Kurzum. Sie haben viel über den *Geschmack* Ihres Freundes gelernt, aber überhaupt nichts über Äpfel.

Ist es nicht auch dasselbe, wenn Ihr Freund Sie ablehnt? Er mag vielleicht Ihre politischen Ansichten nicht, aber das beweist wohl kaum, daß Ihre Ansichten falsch sind, oder? Vielleicht gefällt ihm Ihr Aussehen nicht mehr, vielleicht Ihr schulterlanges Haar. Auch das sagt nichts über Sie, sondern nur über seine Vorurteile aus. Natürlich könnten Sie über seine Ansichten nachdenken und entscheiden, ob er mit seiner Kritik recht hat und Sie Ihr Haar schneiden lassen sollen. Aber Sie könnten auch entscheiden, daß er unrecht hat, und ihn gehen lassen. Oder wenn Ihnen seine Freundschaft sehr wichtig ist, dann mag es ein vernünftiger Kompromiß sein, wenn Sie ihm zuliebe Ihre Haare schneiden lassen, vorausgesetzt es wäre für Sie kein allzu großes Opfer. Auf jeden Fall mag seine Ablehnung Ihrer Person gegenüber gerecht sein oder nicht, wenn Sie sich auf die *Sache* beschränken, die er nicht mag. Es ist jedoch niemals richtig zu schlußfolgern, daß seine Ablehnung gerecht ist, wenn er andeutet, daß Sie ein vollkommen wertloser Mensch sind. Selbst wenn jeder, den Sie kennen, Sie ablehnt, dann ist das noch kein Beweis dafür, daß es Ihnen an Wert als Mensch mangelt. Tausende haben Martin Luther King abgelehnt. Tausende haben Jesus abgelehnt. Aber das bedeutet kaum, daß diese beiden Männer schlecht oder wertlos waren.

Anstatt sich durch eine gelegentliche Ablehnung aus dem Gleichgewicht bringen zu lassen, kann der kluge Mensch versuchen, seine Wertschätzung zurückzugewinnen. Wenn das zwecklos ist, dann kann er die Tatsache akzeptieren, daß er nur ein Mensch ist, der es nicht jedem recht machen kann, und er kann sich auf die Suche nach Menschen begeben, die zu ihm passen. Das ist besonders dann ein guter Rat, wenn es um Liebesbeziehungen geht.

Ich weiß nicht, mit wievielen Menschen ich gearbeitet habe, die vollkommen am Boden zerstört waren, da sie jemand zurückgewiesen hatte, den sie liebten. Sicherlich ist es nicht schön, abgelehnt zu werden, aber es ist kaum eine Frage von Leben und Tod. In jedem Fall, bei dem es mir geglückt war, daß die abgelehnte Person die Gründe für die Ablehnung verstand, sie den Teil, wegen dem sie abgelehnt worden war, positiv veränderte (wenn das möglich war) und sie neue Beziehungen einging, war die Ablehnung bald vergessen oder in ihrer Bedeutung verringert. Oder sie erwies sich als Vorteil, und andere Menschen wurden gefunden, mit denen der Betreffende recht gut auskam.

Das meine ich, wenn ich sage: „Sei nett zu dir selbst". Stellen Sie sich auf eine höhere Stufe. Halten Sie etwas von sich, auch wenn andere es nicht tun, und Sie werden überrascht sein, wie die Menschen mehr von Ihnen halten. Menschen mit einem gesunden Maß an Selbstachtung, die sich von einer gelegentlichen Ablehnung nicht aus der Bahn werfen lassen, werden weniger von anderen abgelehnt als jene, die wegen einer Ablehnung immer deprimiert werden und sich dann so sehr anstrengen, die nächste Ablehnung zu vermeiden, daß sie zu viel Energie darauf verwenden, es anderen recht zu machen. Sie jagen der Anerkennung hinterher und verleugnen sich, um geliebt zu werden. Das schreckt mehr Menschen ab, als sie es je für möglich halten würden. Die Menschen spüren, wenn Sie verzweifelt nach Anerkennung suchen, und fühlen sich unbehaglich. Ferner fragen sie sich, was mit Ihnen nicht stimmt, daß Sie es so nötig haben, es ihnen recht zu machen.

Rechnen Sie mit Rückschlägen

Wenn Sie verstehen, was Sie deprimiert oder aus der Fassung bringt, dann werden Sie vielleicht recht schnell Fortschritte machen, da Sie sich anstrengen, sehr motiviert sind und jeden Rat annehmen, der so klingt, als könnte er Ihnen helfen.

An diesem Punkt setzt gewöhnlich eine zweite Phase ein, in der die alten Symptome wiederkehren, und es so scheint, als ob Sie keinen Fortschritt gemacht hätten. Um diese Rückschläge verstehen zu können, müssen Sie Ihr Verhalten als eine komplizierte Sammlung von Gewohnheiten ansehen. Sie wissen, wie Gewohnheiten sind. Sie müssen nicht über sie nachdenken. Sie können mit dem Wagen durch die Stadt fahren und gleichzeitig mit Ihren Gedanken bei etwas anderem sein. Einige Kilometer außerhalb der Stadt wachen Sie auf und fragen sich, ob Sie schon durch die Stadt gefahren sind. Dies ist ein Beispiel dafür, wie gut Gewohnheiten für uns arbeiten.

Irrational motiviertes Verhalten kann ebenso gut gelernt werden, aber die Folgen irrationaler Gewohnheiten sind viel unangenehmer. Wenn man, gleich welche Gewohnheit, ändern will, dann erfordert das über einen gewissen Zeitraum viel Energie, und Sie müssen immer mit Fehlschlägen rechnen. Schreibmaschinenfehler machen, Zigarettenrauchen, spät ins Bett gehen, das sind alles weitverbreitete Gewohnheiten, und wir alle wissen, wie schwer es sein kann, sie zu überwinden. Überlegen Sie einmal, wieviel schwerer es ist, eine Gewohnheit zu überwinden, wie z.B. vor anderen Menschen Angst zu haben, in einer Gruppe nichts zu sagen, faul und unterwürfig zu sein, mit sich selbst Raubbau zu treiben. Ja, dies sind auch Gewohnheiten. Und wenn Sie versuchen, diese zu überwinden, dann können Sie sicher sein, daß Sie eine Menge Fehlschläge erleiden werden. Das ist zu erwarten. Gewohnheiten kann man nur durch viel Arbeit und nach zahlreichen Fehlschlägen überwinden. Denken Sie an den letzten Teil des Satzes. Ich kannte einmal einen Mann, der Geld seiner Firma veruntreute, da er Geld brauchte, und dies ein schneller Weg war, seine Probleme zu lösen.

Er hatte auch die Gewohnheit, sich aus der Misere herauszureden, wenn er wegen seines Betruges gefragt wurde. Das war eine andere schlechte Gewohnheit. Deshalb hätte er damit rechnen müssen, daß er wieder stehlen und lügen würde, obwohl er in psychiatrischer Behandlung war, und obwohl er sich über Monate hinweg hatte nichts zu schulden kommen lassen. Da es eine Gewohnheit war, gab es allen Grund zu glauben, daß er, würde er wieder in finanzielle Schwierigkeiten geraten, wieder Geld veruntreuen und sich herausreden würde.

Das heißt nicht, daß jeder sein Verhalten wiederholen muß, nachdem es einmal unter Kontrolle ist. Es heißt nur, daß wir dem einmal Gelernten keine Beachtung mehr schenken, und das erlaubt den alten Gewohnheiten über Tage und Wochen hinweg stärker zu werden. Und ehe wir uns versehen, haben wir wieder genauso erbärmlich gehandelt.

Seien Sie nett zu sich. Verstehen Sie Ihre Gewohnheiten; ihre guten und ihre schlechten Seiten. Und das nächste Mal, wenn Sie ein dummes Verhalten wieder an den Tag legen, von dem Sie dachten, es überwunden zu haben, vergeben Sie sich, und erkennen Sie, wie Sie das Opfer einer Gewohnheit waren. Aber dann fahren Sie fort und bekämpfen die Sache, indem Sie sie vernünftig durchdenken, wie Sie es zuvor auch getan hatten; der Weg, der Sie in die Lage versetzte, beim ersten Mal eine gesunde Kontrolle zu erlangen.

Es ist zudem äußerst wichtig, daß Menschen, die aufgrund des schikanierenden Verhaltens anderer Menschen enttäuscht sind, all dies verstehen. Ein Ehemann, der regelmäßig zu spät zum Abendessen nach Hause kommt, wird dieses Verhalten sicher wiederholen, selbst nach einem Streit, bei dem er verspricht, sich zu bessern, und obwohl er sich auch einige Tage daran gehalten hat. Die Gewohnheit wird wahrscheinlich wieder zuschlagen. Wenn Sie freundlich, aber bestimmt mit ihm darüber sprechen, anstatt wütend zu sein, dann kann er das zweite Mal seine Gewohnheit schneller unter Kontrolle bringen. Er wird seine Energie nicht dazu verwenden, um sich oder Sie zu verurteilen; und er kann ruhig analysieren, wie die Gewohnheit wieder von ihm Besitz ergreifen konnte.

Sie sind nicht dasselbe wie Ihr Handeln

Einer der Hauptgründe für unsere Rückschläge ist, daß es für uns so einfach ist zu denken, daß wir und unser Verhalten dasselbe sind. Bei logischem Nachdenken scheint uns geradezu zwingend zu sein, daß wir uns nach unserem Handeln beurteilen müssen. Es widerspricht allem, was vernünftig klingt, sich nicht nach seiner Leistung, seinem finanziellen Erfolg, seinen Errungenschaften oder seiner Beliebtheit zu bewerten. Wenn unser Verhalten also schlecht ist, dann ergreift die alte irrationale Gewohnheit wahrscheinlich von uns Besitz, und wir haben einen Rückschlag.

Uns nicht abzuwerten, ist jedoch so schwierig, daß wir uns damit sehr viel mehr beschäftigen sollten, damit wir die Wichtigkeit verstehen, uns selbst zu akzeptieren, auch wenn wir uns schlecht verhalten, und uns unsere üblichen Selbstvorwürfe ausreden können.

Wenn Sie sich für unangemessenes Verhalten hassen, dann treffen Sie eine Reihe vorschneller Feststellungen. Nehmen wir an, Sie sagen auf einer Party etwas Anstößiges und hetzen einige Leute gegen sich auf. Einige der Gedanken, die Sie haben könnten und wahrscheinlich auch haben, sind: „Oh nein. Ich war unhöflich zu Hans" (stimmt). „Ich sage immer dumme Dinge, um Aufmerksamkeit zu bekommen" (Falsch. Niemand macht immer dumme oder unhöfliche Bemerkungen; nur manchmal und gewöhnlich sehr selten). „Ich lerne es nie, meinen Mund zu halten" (Falsch. Woher wissen Sie, was Sie in der Zukunft tun werden?). Gewöhnlich ist es so, daß Sie sich für den größten Dummkopf halten, und *dann*, da Sie sich von der Hoffnungslosigkeit überzeugt haben, unternehmen Sie nicht die nötigen Anstrengungen, um sich zu ändern, und so verändern Sie sich auch nicht. Dann klopfen Sie sich für so viele richtige Vorhersagen auf die Schulter. Sie haben aber gar nichts vorhergesagt. Sie haben *erzwungen*, daß sich die

Dinge so einstellten, wie Sie sich davon überzeugt hatten, daß es kommen würde.

Wenn Sie also nicht immer taktlos sind, warum sollten Sie sich die ganze Zeit über hassen? Ehe Sie Ihre unhöfliche Bemerkung gemacht haben und auch danach, haben Sie eine Reihe höflicher Verhaltensweisen gezeigt. Sie haben Ihrer Frau die Wagentür geöffnet. Sie haben Ihrer Gastgeberin beim Essen den Stuhl zurechtgerückt. Sie haben den Babysitter an diesem Abend nach Hause gefahren. Wenn schlechtes Verhalten Sie schlecht macht, sollte dann gutes Verhalten Sie nicht auch gut machen? Wenn ja, dann brauchen Sie jeden Tag nur Buch zu führen, um herauszufinden, ob Sie ein anständiger Mensch sind oder nicht. Sie werden sehen, daß Ihre Freundlichkeit bei weitem Ihre Fehler übertrifft.

An dieser Stelle werden Sie wahrscheinlich protestieren, daß man sich nicht einen Orden dafür geben kann, daß man jemandem die Tür öffnet oder den Babysitter nach Hause fährt. Ich bin anderer Meinung. Halten Sie einen Moment inne, und denken Sie darüber nach, wie Sie Ihr Verhalten beurteilen würden, wenn Sie den Babysitter in der Dunkelheit zwei Kilometer nach Hause laufen lassen würden. Wäre das nicht etwas, für das Sie sich verdammen würden? Warum sich also nicht für eine schöne Geste mögen, wenn Sie sich sicherlich nicht leiden könnten, wenn Sie diese nicht zeigten?

Ich will damit sagen, daß Sie sich die meiste Zeit über tatsächlich anständig benehmen, nur daß Sie nicht darüber nachdenken. Nur wenn Sie sich weniger als perfekt verhalten, dann registrieren Sie das und sind wütend auf sich.

Ein vielleicht anderes Argument gegen das Sich-Verurteilen aufgrund Ihres Verhaltens ist, daß es unmöglich ist, sich als Ganzes durch ein paar unerwünschte Handlungen zu beschreiben. Wenn Sie ein Alkoholiker sind und anderen dadurch Schwierigkeiten bereiten, müssen wir dann glauben, daß diese Gewohnheit Sie völlig beschreibt? Sie unterstützen immer noch Ihre Familie. Sie sind in geschäftlichen Dingen ehrlich. Wenn man sagt, daß Sie als Ganzes wertlos sind, da ein Teil von Ihnen unzulänglich ist, dann ist das so, als wenn man sagen würde, daß Sie erschossen werden sollten, weil Sie schlechte Augen haben, stottern oder sich vor Aufzügen fürchten. Ist ein ganzes Haus wertlos, weil das Dach ein Loch hat? Ist ein neuer Wagen reif für den Schrottplatz, nur weil er einen Platten hat?

Niemand, der bei Verstand ist, würde so denken. Er würde immer das Loch im Dach von dem Haus als Ganzem trennen. Und er würde sofort den Reifen wechseln, anstatt den Wagen zu verschrotten. In beiden Fällen würde das Teil vom Ganzen getrennt und nicht dazu benutzt werden, um das Ganze zu beschreiben. Das trifft auch auf uns Menschen zu. Wir alle haben Fehler, und ich weigere mich daran zu glauben, daß ich vollkommen wertlos bin, nur weil Teile von mir schlecht sind.

Schließlich, selbst wenn Sie denken, daß das Verhalten und Sie ein und dasselbe sind, warum ist dann das Verhalten von Kindern nicht dasselbe wie die Kinder? Wenn ein Baby auf Ihr wunderschönes Sofa bricht, dann fällen Sie ein Urteil über das Erbrechen und ein anderes Urteil über das Kind (hoffe ich). Erzählen Sie mir nicht, daß Sie den ganzen Tag umherlaufen und Ihre Kinder für die Millionen von ärgerlichen Dingen hassen, die sie tun. Wenn Sie das tun, dann sind Sie ein unwissender und gestörter Elternteil und können sicher sein, daß Sie Problemkinder großziehen. Die meisten von uns trennen jedoch die meiste Zeit das Kind von seinem Verhalten und beurteilen es nicht nach seinem Lärm, seiner Unruhe, seiner Unordnung und seinen Schlägereien. Wir lieben es trotzdem als Ganzes, auch wenn es manchmal viel gibt, was wir nicht an ihm mögen.

Wenn wir denken, daß dies im Falle der Kinder vernünftig ist, warum sollte es bei Erwachsenen anders sein? Da wir, als Erwachsene, es besser wissen sollten? Natürlich nicht. Das bringt uns zurück zu den vorangegangenen Bemerkungen, daß wir nicht perfekt sind, da wir Menschen sind und uns alle aus Gründen der Dummheit, Unwissenheit oder Gestörtheit daneben benehmen.

Lernen Sie, mit sich zu diskutieren

Einige meiner Patienten waren so fest von ihren irrationalen Ideen überzeugt, daß sie es unheimlich schwer fanden, sich diesen Unsinn wieder auszureden. Ich habe Ihnen bereits die Wichtigkeit erklärt, über die Angemessenheit Ihrer Bemerkungen nachzudenken, und ich habe Ihnen gezeigt, wie Sie diese ändern können, wenn Sie sie sorgfältig analysieren. Manchmal jedoch bedarf es mehr. Ich kann Ihnen zwei weitere Vorschläge anbieten, um Ihnen zu helfen, eine krankmachende Einstellung in eine gesunde umzuwandeln.

Zuerst fragen Sie andere Leute, was diese über Ihre Einstellung denken. Achten Sie jedoch darauf, daß Sie nur Menschen fragen, die nicht dasselbe Problem wie Sie haben. Wenn Sie einen depressiven Menschen fragen, wie er mit Mißerfolg umgeht, dann werden Sie nur denselben Unsinn zu hören bekommen, den Sie sich auch schon sagen, und das wird Ihr irrationales Denken verstärken und nicht schwächen. Fragen Sie stattdessen ein paar Leute, die mit Mißerfolg und Depressionen besser als Sie umgehen, und fragen Sie diese nach ihrer Meinung zu diesem Thema. Gewöhnlich lassen wir uns durch die Masse überreden. Nutzen Sie also diese Kraft, um Ihre Probleme zu überwinden. Es ist eine starke Waffe, da wir alle bis zu einem gewissen Maß durch Gruppendruck beeinflußt werden. Wenn die meisten Ihrer männlichen Freunde weitgeschnittene Hosen tragen, dann werden Sie diese mit ziemlicher Sicherheit mit der Zeit billigen. Das beste Beispiel für Gruppendruck, an das ich mich erinnere, ist die Sache mit den langen Haaren. Zuerst begannen die Teeanger damit, dann schnappten die jungen Erwachsenen sie auf und die Leute im Unterhaltungsgeschäft, und schließlich bemerkte man ihren Einfluß sogar bei Militärpersonen und in der Geschäftswelt.

Begeben Sie sich also in andere Kreise, tun Sie sich mit den

Leuten zusammen, die die Werte haben, die Sie sich wünschen, aber sich bisher noch nicht aneignen konnten. Ich versichere Ihnen, daß wahrscheinlich eine Veränderung in Ihrem Denken folgen wird.

Die zweite wichtige Technik, die Sie neben der Analyse Ihres Denkens benutzen können, um Ihr Denken zu ändern, ist, die *rationalen* Gedanken laut auszusprechen (wenn Sie alleine sind), oder sie zu denken, wenn andere um Sie herum sind. Selbst wenn Sie nicht glauben, was Sie denken, tun Sie es trotzdem. Ehe Sie von einem Gedanken überzeugt sein können, muß er zumindest in Ihrem Kopf sein. Sie müssen hören, wie er klingt. Sie müssen Ihrem irrationalen Gedanken etwas entgegensetzen, auch wenn Sie es halbherzig tun.

Haben Sie nie Kleider anprobiert, von denen Sie sicher waren, daß Sie sie nicht mögen würden? Ohne Zweifel haben Sie dasselbe mit Essen gemacht: Sie waren sich sicher, daß Sie es nicht mögen würden, aber Sie mochten es, nachdem Sie es ein paar Mal probiert hatten. Und gibt es nicht einige Menschen, die Sie lernten zu mögen, trotz der Tatsache, daß Sie anfänglich gegen diese eine Abneigung empfanden? Sie haben vielleicht die Mayers zu sich eingeladen, da die Leute, die Sie einladen wollten, an diesem Wochenende keine Zeit hatten. Und zu Ihrer Überraschung haben Sie an den Mayers einige nette Seiten entdeckt, die Sie nie entdeckt hätten, wenn Sie ihnen nicht halbherzig eine Chance gegeben hätten.

Mit unseren Gedanken ist es genau das gleiche. Wenn wir sie ausprobieren, dann sind wir vielleicht überrascht, wie gut sie passen. Sagen Sie sich also vernünftige Dinge, wenn Sie außer sich geraten; selbst wenn Sie nicht völlig von ihnen überzeugt sind. Wenn Sie sich das nächste Mal beschimpfen, weil Sie etwas verpfuscht haben, dann bekämpfen Sie diese Gedanken mit: „Nein, ich kann mich dennoch akzeptieren, auch wenn ich meine Arbeit nicht perfekt gemacht habe". Vielleicht neigen Sie dann dazu sich zu sagen: „Hör auf, dir etwas vorzumachen, du Idiot. Du hast alles total verpfuscht, und die Firma hat durch dich viel Geld verloren. Es würde dir recht geschehen, wenn du entlassen würdest". Ob Sie es sich glauben oder nicht, sagen Sie sich dann so etwas wie: „Ich bin kein Idiot, nur weil ich Mist gebaut habe. Fehler passieren, und wer weiß, vielleicht lerne ich eine Menge aus diesem Fehler. Selbst wenn meine Firma mich nicht mehr mag, *ich* mag mich. Ich bin alles, was ich habe", und so weiter. Diese vernünftigen und gutgemeinten Worte können bei Ihnen auf fruchtbaren Boden fallen, da Sie *ihnen zumindest zuhören.* Wenn Sie ihnen nicht einmal soviel Chance einräumen, wie können Sie dann jemals erwarten, ihnen überhaupt zu glauben?

Dieser ganze Prozeß wird oder sollte zumindest einer aufregenden Diskussion ähneln. Sie nehmen dabei beide Seiten ein. Zu Beginn ist Ihre irrationale Stimme lauter und überzeugender. Oberflächlich jedoch diskutieren Sie Ihre langgehegten Standpunkte mit weniger überzeugender Stimme. Sie müssen mit sich solange diskutieren, bis der rationale Gedanke an Stärke gewinnt und die länger gewohnte Idee ersetzt. Wenn Sie einen irrationalen Gedanken hersagen, geben Sie ihm mit einem rationalen Gedanken kontra. Lassen Sie irrationale Gedanken nie ungeprüft passieren. Geben Sie ihnen immer kontra. Wie du mir, so ich dir. Verbringen Sie ebensoviel Zeit damit, mit sich zu diskutieren, wie Sie damit verbringen, sich Vorwürfe zu machen, und Sie werden in klares Wasser kommen.

Ein weiteres Argument, das Sie immer verwenden können, um sich davon zu überzeugen, daß Ihre irrationalen Gedanken es verdienen, ernsthaft diskutiert zu werden, ist die Tatsache, daß sie Ihnen Schwierigkeiten bereiten. Brauchen Sie noch mehr Beweise? Wenn Ihre Ideen und Überzeugungen so vernünftig wären, warum sollten Sie dann dieses Buch lesen? Wenn Sie ein normaler Durchschnittsmensch sind, wie kommt es dann, daß Sie zeitweise so deprimiert, besorgt oder feindlich reagieren? Ob Sie es mögen oder nicht, Ihre derzeitigen Methoden funktionieren nicht, oder Sie würden sich die meiste Zeit ausgezeichnet fühlen. Wenn es Ihnen die meiste Zeit über gefühlsmäßig schlecht geht, dann erzählen Sie *mir* nicht, wie richtig und angemessen Ihre Einstellungen und

Philosophien sind. Wenn sie nicht bei Ihnen funktionieren, warum sollten sie bei mir funktionieren?

Fassen wir zusammen. Ich rate Ihnen dringendst, sich die angemessenen Gedanken zu machen, auch wenn Sie diese nicht glauben. Das zeigt, daß Sie im vernünftigen Maße für neue Möglichkeiten offen sind, und wer weiß, wie weit Sie damit kommen werden? Nur wenn Sie diesen Rat befolgen, werden Sie so revolutionäre Ideen akzeptieren wie: Es gibt keine schlechten Menschen auf der Welt, nur schlechte Taten; niemand kann uns gefühlsmäßig verletzen, nur körperlich; jeder hat das Recht, unrecht zu haben, und er sollte nicht für sein falsches Handeln verurteilt werden; und so weiter. Arbeiten Sie daran und lassen Sie dies wirken.

Kapitel 4
Selbstmitleid

Wenn Sie sich je selbst bemitleidet haben, dann kennen Sie bereits die zweite Hauptursache für Depressionen: Selbstmitleid. So seltsam es klingen mag, dies kann Sie ebenso niederdrücken wie Schuldgefühle. Betrachtet man einen depressiven Menschen, dann kann man nicht sagen, auf welche Weise er sich deprimiert macht. Die Gründe dafür, warum man sich elend fühlt, können ebenso verschieden sein wie Tag und Nacht, aber das Ergebnis ist praktisch dasselbe. Nur in ihrer extremen Form unterscheiden sich depressive Verstimmungen, die durch Schuldgefühle hervorgerufen werden, von depressiven Verstimmungen, die andere Ursachen haben. Zum Beispiel veranlassen schwere Schuldgefühle die Menschen manchmal, sich selbst mit Messern, Rasierklingen, Zigaretten, usw. zu bestrafen, etwas, das man bei anderen Formen depressiver Verstimmungen gewöhnlich nicht beobachten kann.

Wenn Sie vermuten, daß Sie sich selbst bemitleiden, dann stehen Sie dazu. Zu viele Menschen fühlen sich wegen ihres Selbstmitleids so schuldig, daß sie nicht erkennen können, welche Motive und Kräfte auf sie einwirken. Ich vermute, der Grund hierfür ist, daß Selbstmitleid mit Unreife, der kindlichen Manipulation anderer gleichgesetzt und mit den Eigenschaften hysterischer Frauen in Verbindung gebracht wird.

Wie dem auch sein mag, es ist dennoch in Ihrem besten Interesse, die Möglichkeit in Betracht zu ziehen, daß Sie die ganze Zeit Trübsal blasen, da Sie sich selbst bemitleiden. Wenn Sie sicher sind, daß Sie sich keine Vorwürfe für etwas machen oder über die Schwierigkeiten anderer nicht bekümmern, dann können Sie mit ziemlicher Sicherheit davon ausgehen, daß Sie sich bemitleiden. Das mag ein bittere Pille für Sie sein. Aber wenn Sie sich gegen diese Einsicht wehren, dann führt das nirgendwohin. Sie vergeuden Ihre Zeit oder die Zeit von jemandem, der Ihnen helfen will, so wie einst eine meiner Patientinnen nicht der Tatsache ins Auge schauen wollte, daß sie sich hochgradig bemitleidete. Ich war mit ihr einer Meinung, daß sie einen äußerst unglücklichen Rückschlag in ihrem familiären Leben erlitten hatte, und ich stimmte mit ihr überein, daß es keinen vernünftigen Grund gab, warum es um himmelswillen ausgerechnet ihr passieren mußte. Ihr Lebenswandel war über jeden Verdacht erhaben, sie war zu allen Menschen nett, tat niemandem weh, und dann starben ihr Verlobter und ihre Lieblingsschwester innerhalb von 6 Monaten.

Es gab keinen Grund, warum sie sich über diese Ereignisse hätte Schuldgefühle machen sollen. Obwohl sie sich z.T. deprimiert fühlte, da ihr die Verstorbenen leid taten, so konnte sie leicht einsehen, daß diese nicht leiden mußten und sicher im Himmel waren. Das konnte also nicht der Hauptgrund für ihre langanhaltenden und tiefen Gefühle der Verzweiflung sein. Als ich ihr sagte, sie bemitleide sich selbst, da diese böse Welt sie so ungerecht behandelt habe, protestierte sie so heftig, daß ich sprachlos war. Ich hatte nie jemanden gesehen, der sich so dagegen wehrte, daß er sich bemitleidet. Diese Beobachtung und viele andere ähnlicher Art brachten mich zu der Schlußfolgerung: Wenn Sie sich nicht sicher sind, wie Sie sich deprimiert machen, dann schauen Sie sehr genau nach, ob Sie sich bemitleiden.

Zwei Gedanken, die Selbstmitleid hervorrufen

Wenn Sie Ihre Gefühle des Selbstmitleids verstehen wollen, dann fragen Sie sich, was Sie unmittelbar davor gedacht haben, als Sie aus der Fassung gerieten. Dann analysieren und sortieren Sie aus denjenigen Gedanken, an die Sie sich erinnern können, diejenigen, die einen Sinn ergeben und die keinen Sinn ergeben. Wenn Sie das richtig machen, dann werden Sie fast immer an den Punkt kommen, an dem Sie die folgenden beiden Feststellungen über eine

Sache oder ein Ereignis in Ihrem Leben getroffen haben: a) Ich möchte, daß es in dieser Sache nach mir geht, und b) es ist schrecklich, wenn es nicht nach meinem Willen geht.

Der erste Gedanke ist vernünftig. Er wird Ihnen niemals irgendeinen Schaden zufügen. Solange Sie etwas wünschen, möchten oder vorziehen, werden Sie nie aus der Fassung geraten, wenn Sie es nicht bekommen. Wir alle haben uns schon Millionen von Dingen gewünscht, die wir nicht bekommen haben. Es tat uns kein bißchen weh, auch wenn es vielleicht ein trauriges Gefühl hinterlassen hat. Haben Sie sich nicht auch schon gewünscht, ein Filmstar zu sein, reich zu sein, berühmt zu sein, *das* große Buch zu schreiben oder der Welt bester Bauchtänzer zu sein? War das nicht ein schöner Tagtraum, auch wenn er sich nie zu erfüllen scheint? Solange Sie diese Wünsche nur anstreben, werden Sie nicht deprimiert sein, wenn sie nicht in Erfüllung gehen. Nur wenn Sie denken, daß Sie Recht haben *müssen*, wenn Sie es für *das Ende der Welt* halten, wenn Sie nicht Ihre Traumjacht auf dem Mittelmeer bekommen, dann fangen Sie an, aus der Fassung zu geraten.

Verstehen Sie das richtig: Sie *brauchen* nicht viel in diesem Leben, und tatsächlich *brauchen* Sie noch nicht einmal zu leben. Schauen wir uns den ersten Gedanken an. Alles, was Sie für das Leben benötigen, ist Nahrung, Unterkunft und Kleidung. Alles, was darüber hinausgeht, macht das Leben sehr angenehm, aber es ist kaum lebensnotwendig. Es ist wunderbar, Freunde zu haben, aber Sie werden nicht sterben, wenn Sie keine haben. Sie könnten jederzeit ein Einsiedler werden. Es ist jedoch unwahrscheinlich, daß Sie jemals so weit gehen müssen, da immer jemand um Sie herum sein wird, der Ihnen Brot verkaufen oder ein Zimmer vermieten wird. Sie könnten ohne das Brot und das Zimmer sterben, aber Sie werden sicherlich nicht sterben, wenn Sie sich von einem oder mehreren Ihrer engen Freunde trennen. Wovor Sie sich hüten müssen, ist, daß die Menschen Sie nicht so sehr *hassen*, daß diese Sie sehr wahrscheinlich auf der Straße erschießen oder Ihnen kein Brot mehr verkaufen werden, etc. Es ist der Haß der Menschen, nicht deren Liebe, um den Sie sich sehr *viele* Gedanken machen sollten.

Der zweite Gedanke, daß Sie nicht leben müssen, läßt sich leicht beweisen, wenn Sie an die zahlreichen Situationen denken, in denen Sie für jemanden, den Sie lieben oder noch nicht einmal kennen, freiwillig Ihr Leben opfern würden. Sie würden Ihr Leben riskieren für Ihre Familie, für Ihr Land, für jemanden, der zu ertrinken scheint, oder für jemanden, der in einem brennenden Haus um Hilfe ruft. Zahllose heldenhafte Taten wurden von Menschen begangen, die offensichtlich ihr Leben für nicht so wichtig hielten, oder aber sie hätten es nie riskiert. Genau diegleichen Menschen aber waren vielleicht am Tag zuvor deprimiert, da sie dachten, es sei das Ende der Welt, wenn sie ihre Arbeit verlieren oder ihnen gesagt wird, daß sie Krebs haben.

Unterscheiden Sie zwischen einem traurigen Ereignis und einer Tragödie

Eine andere Erklärung für unsere Probleme ist, daß wir die Begriffe Tragödie und trauriges Ereignis verwechseln. Es gibt sehr viele Ereignisse im Leben, die traurig sind, aber nur wenige sind tragisch (und selbst diese würden Sie nicht so hart treffen, wenn Sie diese anders sehen würden).

Traurige Ereignisse führen bei uns zu Gefühlen des Bedauerns und der Enttäuschung. Dies sind keine vernichtenden Gefühle. Wir erleben sie häufig ohne krankmachende Wirkung, und sie dauern oft nicht sehr lange an. Tragödien dagegen sind eine andere Sache. Wenn wir davon überzeugt sind, daß wir von einer Katastrophe betroffen sind, dann können wir gewöhnlich nicht ruhig darauf reagieren.

Die meisten unserer Depressionen, die durch Selbstmitleid verursacht werden, kommen daher, weil wir traurige Erlebnisse mit Katastrophen oder tragischen Ereignissen verwechseln. Das heißt, wir glauben wirklich, daß das, was wir erleben, *schrecklich,* das *Ende der Welt* und einfach *unerträglich* ist. Aber ist dem so? Wo ist der Beweis dafür, daß etwas schrecklich ist? Wer sagt, daß es schrecklich ist? Wenn Sie nicht auf das einfühlsame Mitgefühl Ihrer wohlwollenden Freunde gehört hätten oder auf Ihre eigenen Katastrophengedanken, meinen Sie dann ernsthaft, daß Sie so aufgewühlt wären? Nicht in tausend Jahren. Sie müssen sich einreden, daß etwas unerträglich ist, und die meiste Zeit (99%) haben Sie unrecht. Die große Mehrheit der Ereignisse in unserem Leben ist bedauerlich, nicht schrecklich, ist enttäuschend und keine Katastrophe, ist traurig, aber nicht tragisch. Wenn wir uns gedankenlos einreden, daß etwas schrecklich, tragisch oder eine Katastrophe ist, dann haben wir unmittelbar nach solchen Gedanken eine bedrückte Stimmung. Wenn wir jedoch klar sehen, daß so viele Ereignisse lediglich bedauerlich, enttäuschend und traurig sind, dann werden wir nur für kurze Zeit leicht bedrückt sein und dann wieder zu einer normalen und optimistischen Stimmung zurückkehren.

Hans kehrte vom Tanzen mit seiner festen Freundin zurück, als diese ihm eröffnete, daß sie sich von ihm trennen wolle. Seine Stimmung ging sofort in den Keller. Er rief mich sehr deprimiert an, um mit mir einen Termin für den nächsten Tag zu vereinbaren. Nachdem ich die Tatsachen gehört hatte, konnte ich leicht feststellen, daß etwas *Trauriges* passiert war (seine Freundin hatte ihn zurückgewiesen), und daß er auf diese überraschende Nachricht so reagierte, daß er daraus eine Tragödie machte („Ich sterbe, wenn ich nicht ihre Liebe haben kann").

Ich konnte Hans sehr schnell zeigen, wie er sich bemitleidete, und was er zu tun hatte, um seine depressiven Verstimmungen zu überwinden. „Sie sind nicht so deprimiert, Hans, weil ihre Freundin sie verlassen hat", sagte ich zu ihm. „Sie sind deprimiert, da sie denken, daß es schrecklich ist, zurückgewiesen zu werden".

„Aber es ist schrecklich. Ich habe die ganze Nacht nicht geschlafen. Ich fragte mich, was ich getan habe, damit sie sich von mir abgewendet hat, und wie es weitergehen soll".

„Nein, Hans, das ist nicht der Grund, warum Sie verzweifelt sind. Die Art und Weise, wie sie ihre Beziehung zu ihrer Freundin beschrieben haben, hat einen Sinn. Sie können nicht depressiv werden, wenn sie aus ihren Fehlern lernen. Selbstmitleid entsteht nur dann, wenn sie denken, daß sie etwas haben *müssen* und daß es schrecklich und unerträglich ist, wenn sie es nicht bekommen. In diesem Fall haben Sie sich gesagt, daß Sie immer noch mit dem Mädchen zusammensein möchten. Hätten sie es dabei belassen, dann würden sie sich nur traurig fühlen und nicht mehr. Aber sie gingen einen Schritt weiter und überzeugten sich, daß es ungerecht sei, zurückgewiesen zu werden, daß es eine schreckliche Sache sei, nach all dem, was sie für sie getan haben, und warum das ausgerechnet ihnen passieren mußte. Als sie von diesen Gedanken überzeugt waren, verfielen sie in tiefes Selbstmitleid und sagten sich leise: „Ich armer Mensch".

„Aber ich habe mir für sie ein Bein herausgerissen, und es ist einfach ungerecht, daß sie mich nun so behandelt".

„Ja, es ist ungerecht, aber warum sollte es nicht so sein? Nur weil sie nicht möchten, daß ihnen ungerechte Dinge widerfahren, heißt das, daß es nicht passieren kann? Ist es das Ende der Welt, nur weil es nicht nach ihrem Willen läuft? Warum können sie nicht aus dieser Erfahrung lernen, sie in angenehmer Erinnerung behalten und ein Dutzend neuer Frauen umwerben? Sie könnten das ziemlich leicht tun, wenn sie aufhören würden, sich zu bemitleiden, weil sie sie verlassen hat".

So ging es eine ganze Weile, bis er erkannte, daß er aus einer Mücke einen Elefanten gemacht hatte. Als ich ihn das nächste Mal eine Woche später sah, war er darüber hinweg und führte ein anderes Mädchen aus. Ich führte seine Veränderung auf die Tatsache zurück, daß er leicht einsehen konnte, wie er sich davon überzeugt hatte, zwischen einem traurigen Ereignis und einer Tragödie bestehe kein Unterschied. Dies ist eine Lektion, die jeder lernen muß, der sich selbst bemitleidet, und dem etwas an seiner seelischen Gesundheit liegt.

Seelische Störungen sind schlimmer als Enttäuschungen

Das Leben ist eine endlose Serie von Enttäuschungen. Niemand kann nicht einmal einen Tag durchs Leben gehen, ohne irgendwie enttäuscht zu sein (nicht alles läuft so, wie man es sich wünscht). Die einzigsten Menschen, die keine Enttäuschungen erleben, sind im Himmel oder im Grab. Der Rest von uns im Land der Lebenden kann Enttäuschungen ebensowenig entgehen wie Krankheiten, Steuern oder dem Tod. Am Leben zu sein, bedeutet, enttäuscht zu werden. Wenn man deshalb nach einem Leben ohne Enttäuschungen sucht, dann kommt das dem Wunsch gleich zu sterben. Sind wir also mit diesen andauernden Nadelstichen zufrieden, lernen aber zumindest, mit dem Strom zu schwimmen.

Wenn Sie nicht zwischen Enttäuschungen und seelischen Störungen unterscheiden, dann tun Sie zwei Dinge, die Ihnen schaden können. Auf der einen Seite machen Sie Dinge unendlich schlimmer, indem Sie den Schmerz der seelischen Störung zu dem Schmerz der Enttäuschung hinzufügen. Auf der anderen Seite werden Sie aufgrund der seelischen Störungen so durcheinander sein, daß Sie nicht in der Lage sind, einen Weg aus Ihrer Enttäuschung zu finden.

Nehmen wir den Fall von Fritz, ein einst beliebter Junge, bis er die Universität besuchte. Seine Bekannten dort wußten nicht, daß er ein außerordentlich erfolgreicher junger Mann war. Also behandelten sie ihn wie jeden anderen auch, anstatt wie eine Persönlichkeit. Das untergrub sein Selbstvertrauen sehr stark, und bald bemitleidete sich Fritz so sehr, daß er depressiv wurde. Er begann, an seinem Wert zu zweifeln, und bald kapselte er sich ab. Der Mangel an Anerkennung führte schließlich dazu, daß Fritz eine Überdosis an Tabletten nahm und beinahe starb. Das machte ihn sofort zum Mittelpunkt, und eine Zeitlang drehte sich das Gespräch an der Fakultät nur um ihn. Aber auch das war nach ein paar Tagen zu Ende und Fritz blieb wieder unbeachtet zurück. Wieder machte er daraus eine Katastrophe und dachte sich, er müsse etwas Schreckliches tun, um die

Aufmerksamkeit auf sich zu lenken. So betrank sich Fritz vorsätzlich und hatte einen Unfall. Sein Name wurde in den Fernsehnachrichten erwähnt, und seine Verhaftung war an der Universität für eine Zeitlang das Gesprächsthema. Als sich der Staub gelegt hatte und Fritz wieder zu den Vorlesungen zurückkehrte, war alles nur noch schlimmer. Nun hielten ihn seine Studienkollegen für einen Verrückten und wollten noch weniger als zuvor mit ihm zu tun haben. Nach einigen weiteren aufsehenerregenden Unfällen beschloß Fritz, daß es nun genug und an der Zeit sei, sich in Behandlung zu begeben. Nicht nur, daß er immer noch einsam und deprimiert war, er hatte auch Zeit und wichtige Vorlesungen versäumt, hatte sich mehrmals verletzt und war obendrein vorbestraft.

Das meine ich, wenn ich sage, daß seelische Störungen schlimmer sind als Enttäuschungen. Hätte Fritz sich nicht soviel daraus gemacht, ein unbekannter Student zu sein, und hätte er sich durch seine Fähigkeiten bei den anderen Studenten bekannt gemacht, dann hätte er wahrscheinlich eine Position von Ansehen und Führerschaft zurückgewinnen können. Stattdessen glaubte Fritz, daß unbekannt zu sein ein schlimmeres Schicksal sei als der Tod, daß er es einfach nicht ertragen könne, unbeliebt zu sein, und daß jede Form der Handlung gerechtfertigt sei, seine Enttäuschung zu mildern. So fuhr er fort, sich selbst viel mehr zu verletzen, als seine Unbeliebtheit ihn verletzte. Hinzukommt, daß er, solange er unter dem Einfluß seines irrationalen Denkens stand, nicht in der Lage war, zu sehen, wie er alles nur noch schlimmer machte, und wie er ganz einfach durch eine paar kleine Veränderungen praktisch alles bekommen konnte, was er sich wünschte. Ein verwirrter Geist kann jedoch nicht klar denken. So machte Fritz alles nur noch schlimmer, bis zu dem Zeitpunkt, an dem er Hilfe suchte. Hier fand er heraus, daß er fälschlicherweise geglaubt hatte, es sei schrecklich, keine herausragende Persönlichkeit an der Universität zu sein, er müsse sich bemitleiden und andere dazu bewegen, ebenso zu fühlen, und daß enttäuscht zu sein das schlimmste aller Schicksale war, noch schlimmer als aus der Fassung zu sein.

Selbstmitleid durch falsche Anschuldigungen

Die meisten Menschen verkraften Kritik sehr schlecht. Sie fühlen sich sehr verletzt und bereiten sich viele schlaflose Nächte wegen der unfreundlichen Bemerkungen und Angriffe anderer. Deshalb ist es für Sie wichtig, gründlich darüber Bescheid zu wissen, wie Sie mit einer solchen Situation so umgehen können, daß Sie bei Verstand bleiben und vermeiden können, nochmals in eine solche Lage zu kommen.

Wenn Sie das nächste Mal beschuldigt werden, können Sie vermeiden, darüber beunruhigt zu sein, indem Sie sich zwei Fragen stellen: „Stimmt das?" oder „Ist es falsch?" Wenn Sie feststellen, daß es wahr ist, kritisieren Sie sich nicht dafür, daß Sie für schuld befunden wurden. Als ein Mensch haben Sie das Recht, im Unrecht zu sein. Nehmen wir an, Ihr Mann nennt Sie eine Nutte, da Sie es genießen, mit anderen Männern auf Parties zu tanzen. Sie mischen sich einfach unter die Gäste, aber er besteht darauf, daß Sie flirten und damit aufhören sollen. Anstatt sich zu bemitleiden, daß Sie so falsch eingeschätzt werden, untersuchen Sie seine Bemerkung sorgfältig und entscheiden, ob er recht oder unrecht hat.

Nehmen wir an, Sie entscheiden, daß er recht hat. Gut, in Ordnung. Sie haben geflirtet. Sie haben es genossen, mit Männern zu flirten, und Sie müssen ehrlich zugeben, daß Sie sehr bestürzt wären, wenn sich Ihr Mann auf Parties ebenso verhalten würde wie Sie. Dann müssen Sie sich davon überzeugen, daß Sie kein schlechter Mensch sind, nur weil Sie sich nichts dabei gedacht haben. Sie haben das Recht, falsch zu handeln, und sind in der Tat für die Bemerkung Ihres Mannes dankbar, daß Ihr Verhalten anstößig wirkt, denn nun können Sie es ändern. Da Sie keinen so wenig schmeichelhaften Eindruck auf Parties erwecken wollen, werden Sie sehr daran arbeiten, dieses Verhalten in der Zukunft zu vermeiden.

Bemerken Sie, wie Sie davon profitiert haben, eine Nutte genannt worden zu sein, anstatt deprimiert zu werden? Ein ziemlicher Fortschritt, würden Sie nicht auch sagen?

Nun nehmen wir an, Sie beschließen nach reiflicher Überlegung, daß seine Anschuldigungen völlig haltlos sind. Warum sollten Sie darüber bestürzt sein? Es steht lediglich Meinung gegen Meinung. Sie sind sicherlich nicht bei jeder Meinungsverschiedenheit, die Sie beide haben, aus der Fassung. Warum sollten Sie also nun eine Ausnahme machen, nur weil sie in dieser Sache verschiedener Meinung sind? Sie müssen sich lediglich sagen: „Der arme Kerl, jetzt fängt er wieder an. Jedes Mal, wenn ich mit einem anderen Mann tanze, macht er sich darüber unvernünftigerweise ärgerlich, da er denkt, daß ich mit jedem Mann, den ich berühre, eine Affäre habe. Ich frage mich, was *sein* Problem ist? Vielleicht hat er zu wenig Selbstvertrauen, mich halten zu können, und deshalb ist er so besorgt, wenn ich nicht die ganze Zeit neben ihm sitze. Nun, das ist sein Problem. Er kann es nicht unterlassen, und ich habe das Problem nicht verursacht. Warum sollte es mich also bekümmern, wenn er mich für eine Nutte hält? Ich bin keine Nutte, und wenn er mich für eine hält, dann muß er entscheiden, was er dagegen tun will".

Es spielt keine Rolle, wie die Anschuldigung aussieht. Wenn Sie die obigen Tatsachen beherzigen, dann können Sie mit der Person, die diese unfreundliche Anschuldigung macht, immer in einer freundlichen und nachsichtigen Weise umgehen. Das bedeutet auch, daß niemand Sie verletzen kann. Gleichgültig was andere über Sie sagen, alles was Sie tun müssen, ist, den Stachel aus dieser Bemerkung zu ziehen und sich zu fragen, ob die Bemerkung wahr oder falsch ist. Eine Beleidigung ist etwas, das wir uns selbst antun. Sie wird uns nicht von anderen zugefügt. Diese sagen uns lediglich ihre Meinung; wir nehmen diese persönlich und sind beleidigt, daß die anderen Ideen in ihrem Kopf haben, die wir mißbilligen.

Kürzlich sagte eine Patientin von mir, sie sei die vorangegangene Nacht sehr beleidigt worden, da ihr ein Mann ziemlich uncharmant in Gegenwart ihres Mannes einen unzüchtigen Antrag gemacht habe. Es ist unnötig zu sagen, daß ihr Ehemann aufgebracht war und sich mit dem anderen anlegen wollte. Ich beharrte jedoch darauf, daß sie sich selbst beleidigt hatten und die Bemerkungen dieses Mannes nicht persönlich nehmen mußten. Zum einen war sie sicherlich nicht die einzigste Frau, der er sich auf so unzüchtige Weise genähert hatte. Warum sollte sie also denken, sie sei die einzigste, die er so ansprach? Zum anderen war es wirklich schmeichelhaft von ihm, so eine Bemerkung zu machen, da es sicherlich viele Frauen gibt, bei denen es ihm nie einfallen würde, sie um so etwas zu bitten. Schließlich, tat er tatsächlich jemandem weh mit seiner unfeinen Art? Der arme Kerl mußte schrecklich wenig einfühlsam sein, solch einen Fehler zu begehen, oder er mußte sich schrecklich einsam fühlen und verzweifelt sein, um sich wie ein Elefant im Porzellanladen zu benehmen. Jeder sollte Sympathie und Verständnis für jemanden haben, dem es seelisch so schlecht geht. Und anstatt ihn verprügeln zu wollen oder sich verletzt zu fühlen, wieviel einfühlsamer wäre es für meine Patientin gewesen, ihm zu sagen: „Nein danke", und daß sie seine freundlichen Worte schätze und ihr Mann sich dadurch sicherlich auch geschmeichelt fühlte. Sie hätte das Gespräch damit beenden können, daß sie ihm viel Glück gewünscht hätte. Wäre das nicht ein Fortschritt gewesen?

Depressionen wegen eines untreuen Partners vermeiden

Es gibt gewöhnlich zwei typische Reaktionen, wenn Sie entdecken, daß Ihr Partner Ehebruch begangen hat. Die erste Reaktion ist, daß Sie Ihrem Partner bittere Vorwürfe machen und sich deshalb furchtbar schuldig fühlen. Die zweite Reaktion besteht darin, daß Sie sich selbst bemitleiden, da Sie nicht verstehen, wie man Sie nach all den Opfern, die Sie für Ihren Liebsten erbracht haben, so schäbig behandeln kann. Natürlich kommt es nach diesen anfänglichen Reaktionen zu einem Aufwallen von Ärger und Verbitterung, die erstaunlich heftig sein können.

Ich behaupte, daß Sie, wenn Sie auf eine der beiden Arten reagieren, einfach dumm sind und eine solche Sache auf die folgende Weise betrachten sollten.

Seien Sie dankbar, daß es nicht Sie waren, der zu seiner solchen Affäre Zuflucht nehmen mußte. Sie hatten wenigsten die Willens- und die Seelenstärke, einer Liebelei zu widerstehen, während Ihr impulsiver und abhängiger Partner dies nicht konnte. Sind Sie nicht stolz auf diese Leistung? Und haben Sie nicht Mitleid mit Ihrem Partner, da er der Versuchung nicht widerstehen konnte? Ja, seien Sie stolz auf Ihre Überlegenheit. Treu zu bleiben, ist nicht die einfachste Sache auf dieser Welt, insbesondere heutzutage. Sein Heiratsversprechen zu halten, verlangt eine Stärke, die nicht viele Menschen haben.

Sie sollten bedenken, daß sie beide viele, viele Male daran gedacht haben, eine Affäre zu haben, und sie beide hatten viele Gelegenheiten hierzu, aber Sie waren reif genug, Ihr Versprechen zu halten. Sie zeigten Ihre Fähigkeit, zuverlässig zu sein und vertrauen zu können, während Ihr Partner in diesen beiden lebenswichtigen Bereichen einer ehelichen Beziehung versagte.

Wenn Ihr Partner Ihnen sagt: „Ich hätte mich nicht nach einem anderen umgeschaut, wenn Du dieses oder jenes für mich getan hättest. Es ist Deine Schuld, daß ich in die Arme eines anderen getrieben wurde", dann glauben Sie ihm das nicht. An jedem Tag in der Woche könnten Sie eine Liste von Beschwerden über Ihren Partner hervorholen, die seiner Liste in nichts nachstehen würde. Trotz Ihrer Beschwerden haben *Sie* sich nicht vom Pfad abbringen lassen. Sie haben ihn mit all seinen Fehlern angenommen und haben sich damit arrangiert. Sie haben diese nicht als Entschuldigung genommen, um mit jemand anderem in der hintersten Reihe im Kino Händchen zu halten.

Wenn Sie Untreue auf diese Weise betrachten, dann werden Sie stolz auf sich sein und Mitleid für Ihren Partner empfinden. Sie werden sich sicherlich nicht depressiv fühlen, wenn Sie a) sich nicht dafür verurteilen, daß Sie kein perfekter Partner sind, und b) sich nicht davon überzeugen, daß der Himmel auf Sie gestürzt ist. Eine Affäre ist gewöhnlich nichts anderes als eine ernsthafte Botschaft, daß etwas mit der Beziehung nicht stimmt. Dieses Etwas müssen nicht immer Sie sein. Es könnte genausogut auch Ihr Partner sein.

Ein Patient von mir, den ich niemals vergessen werde, hatte mit Wissen seiner Frau über Jahre hinweg Affären. Sie verfluchte sich, daß er immer mit anderen Frauen herumrannte, und dachte sich, er tue dies, da ihr als Frau etwas sehr Wichtiges fehle. Als sie zu mir kam, war sie sehr depressiv und dachte über sich so gering, wie man nur von sich denken kann. All dies änderte sich jedoch, als ich sie überzeugte, daß ihr Mann sich so verhielt, da er eine menschliche Straßenkatze sei, und daß sie ihn, gleichgültig was für eine Frau sie sei, nicht lange zu Hause halten könne. Ich teilte ihm dies eines Tages mit, als sie beide zu mir kamen. Nach kurzer Überlegung mußte er zugeben, daß dies völlig richtig war, da er wirklich nichts Ernsthaftes an seiner Frau auszusetzen hatte. Tatsächlich war dieser Gedanke für ihn ziemlich bestürzend, sodaß er schließlich beschloß, sich scheiden zu lassen, und in den ganzen Jahren das erste Mal ehrlich zu sein. Er liebte es, wie eine Katze umherzusträunen, und er hatte nicht die Absicht, damit aufzuhören. Er hatte geheiratet, um ein Dienstmädchen, eine Köchin und eine Wäscherin zu haben. Er beschloß, daß dies gegenüber seiner Frau ungerecht sei, und deshalb trennte er sich, damit sie einen anderen Mann finden konnte, der nur sie liebte.

Neurotische Menschen sind unberechenbar

Wenn Sie dazu neigen, sich zu bemitleiden, dann sollten Sie, um sich eine Menge Depressionen zu ersparen, immer daran denken, daß das Verhalten der anderen sehr oft sprunghaft ist. An einem Tag verhält sich jemand vorbildlich und reif und am nächsten Tag kehrt er zu seinem alten Verhalten zurück. Das kann sehr ärgerlich sein, wenn Sie das lästige Verhalten für eine Zeit lang nicht gesehen haben und dachten, diese Person sei endlich darüber hinweg.

Leben Sie schließlich in Frieden, da Ihr Kind aufgehört hat zu stehlen, dann seien Sie stark. Wenn die richtigen Umstände zusammenkommen, dann kann es wieder mit dem Stehlen anfangen, als ob es keine Hilfe erfahren hätte und Sie auf es keinen Einfluß hätten. Wenn Sie in solchen Momenten nicht achtsam sind, dann werden Sie wahrscheinlich Ihre Hände vor Verzweiflung zusammenschlagen und eine Katastrophe daraus machen, wie unnütz all Ihre Bemühungen waren, und daß Sie genausogut die Flinte ins Korn werfen könnten.

Das wäre ein großer Fehler. Dies ist nicht die Zeit, depressiv zu werden. Denken Sie daran: Wir neigen dazu, alles, was wir lernen, mit der Zeit zu vergessen. Dies trifft auf unser Verhalten ebenso zu wie auf das Einmaleins. Die Menschen werden nachlässig in ihrem Denken, wenn sie das rationale Denken nicht trainieren. Deshalb kann auch ein trockener Alkoholiker wieder mit dem Trinken anfangen. Deshalb kann ein Kind, das sechs Monate lang nichts gestohlen hat, wieder stehlen. Deshalb können auch Sie wieder deprimiert werden, obwohl Sie dachten, Sie hätten verstanden, wie es dazu kommt, und obwohl Sie schon seit einem Jahr keine Probleme mehr damit gehabt hatten. Wenn wir unseren Wächter unbeaufsichtigt lassen, dann beschwören wir Schwierigkeiten herauf.

Es besteht kein Unterschied zum Abnehmen. Nehmen wir an, Sie kämen zu mir, um abzunehmen, und Sie würden lernen, sich so gut zu disziplinieren, daß Sie so viel abnehmen würden, wie Sie wollten. Wäre das das Ende der Geschichte? Würde das heißen, daß Sie von nun an keine Diät mehr halten und nicht mehr permanent der Versuchung widerstehen müßten? Natürlich nicht. Um das Gewicht zu halten, müßten Sie praktisch täglich für den Rest Ihres Lebens auf Ihr Gewicht achten. Um keine seelischen Probleme zu bekommen, müssen Sie sich beobachten, oder Sie werden sich dabei ertappen, daß Sie ärgerlich, deprimiert oder ängstlich sind. Um sich aus dieser Stimmung herauszubringen, müßten Sie genau das tun, was Sie früher taten, um Ihre Gemütsruhe zu gewinnen.

Ein Ausrutscher ist kaum eine schlimme Sache und heißt sicherlich nicht, daß man überhaupt keine Fortschritte gemacht hat. Fortschritte werden auf dreierlei Weise gemessen: nach der Häufigkeit, Dauer und Schwere.

Häufigkeit: Wenn Ihr Mann mit Ihnen nun nur ein Mal die Woche streitet, während er dies früher jeden Tag tat, dann hat er einen bedeutsamen Fortschritt gemacht. Seien Sie glücklich.

Dauer: Wenn seine Streiterei nur eine Stunde andauert anstatt wie früher die ganze Nacht, dann hat er einen Fortschritt gemacht. Seien Sie glücklich!

Schwere: Wenn er nur mit Tassen und Untertassen wirft, anstatt wie früher mit der Faust ein Loch in die Wand zu schlagen, dann hat er einen Fortschritt gemacht. Seien Sie glücklich!

Die Idee, daß unser verschrobenes Verhalten automatisch aufhört, wenn wir ein langvergessenes Erlebnis aus unserer Kindheit aufdecken, das unser Unbewußtes gesteuert haben soll, ist ein Freudsches Märchen. Manchmal hört ein Verhalten auf wunderbare Weise abrupt auf, aber in der Mehrzahl der Fälle vermindert es sich langsam, wird es schrittweise weniger. Wehe dem, der erwartet, daß ein Geistesblitz den Partner oder das Kind in einen neuen Menschen verwandelt. Dieser Mensch ist zu Depressionen verurteilt.

Selbstmitleid kann eine mächtige Waffe sein

Da fast jeder glaubt, daß er von anderen aus der Fassung gebracht werden kann oder selbst andere aus der Fassung bringen kann, kommt es dazu, daß Millionen von Menschen diese Beobachtung nutzen, um andere zu manipulieren. Einer der besten Wege, andere zu kontrollieren, ist die Manipulation durch Schuldgefühle. Wenn Sie Ihrer Freundin zeigen, wie verletzt Sie aufgrund ihrer Worte sind, dann hoffen Sie, daß diese sich wegen ihrer Bemerkung schlecht fühlen und Sie nie mehr so behandeln wird. Ein sicherer Weg, um sie davon zu überzeugen, daß sie aufgrund ihrer Bemerkung wirklich gemein ist, ist, ein langes Gesicht zu ziehen, ein wenig zu weinen und zu hoffen, Ihr Selbstmitleid setzt sie unter Druck. Mit aller Wahrscheinlichkeit werden Sie Ihr Ziel sehr schön erreichen, da Ihre Freundin sich sicherlich dafür kritisieren wird, daß sie Ihnen so schlechte Gefühle gemacht hat.

Dies ist eine beliebte Kontrolltechnik, die von besitzergreifenden Müttern verwendet wird, um ihre Kinder daran zu hindern, erwachsen zu werden. „Komm um 11 Uhr nach Hause, Petra", sagt die Mutter zu ihrer erwachsenen Tochter. „Du weißt, wieviel Sorgen ich mir mache, wenn du nicht da bist. Ich kann nicht schlafen, solange du weg bist".

Die Mutter will, daß Petra sieht, wie sie leidet. Das wird Petra nach Hause bringen. Wenn Petra vernünftig wäre, dann würde sie zu ihrer Mutter sagen: „Ich hoffe, du machst dir wegen mir keine Sorgen, Mutter. Aber wenn du darauf besteht, dich völlig nervös und deprimiert zu machen, wenn ich nicht früh zu Hause bin, dann mußt du dir wohl Sorgen machen. Du bringst dich aus der Fassung, nicht ich. Wenn dich dieses Problem sehr bedrückt, dann hoffe ich, du unternimmst etwas, um das zu ändern".

Ich weiß, daß eine große Zahl der Leser protestieren wird, daß dies eine unfreundliche Behandlung der Mutter ist, völlig ohne Respekt für ihre wohlwollende Besorgnis. Ganz im Gegenteil. Verhält sich Petra anders, dann ist das gleichbedeutend damit, aus ihrer Mutter einen depressiven und sorgenvollen Menschen zu machen. Je mehr sie die Verantwortung für die Unruhe der Mutter übernimmt, umso mehr wird die Mutter dazu neigen, ihren Kummer und ihre Qual zu gebrauchen, um ihren Willen durchzusetzen. Wie nett ist das?

Einer der machtvollsten Wege, bei denen Selbstmitleid benutzt wird, ist die Drohung, sich das Leben zu nehmen. Wenn Ihr Freund zu Ihnen sagt: „Erika, heirate mich oder ich bringe mich um", dann bemitleidet er sich so sehr, daß er hofft, Sie bemitleiden ihn und stimmen der Heirat zu. Je mehr er sich bemitleidet, umso größer ist gewöhnlich seine Chance, seinen Willen gegenüber denjenigen Menschen durchzusetzen, die ein weiches Herz für Märtyrer haben. Der gefährliche Teil dieses Vorgehens ist die Tatsache, daß man das Mitleid, wenn man darauf eingeht, umso mehr verstärkt. Dies könnte zu weiteren Selbstmorddrohungen führen und vielleicht am Ende zu einem tatsächlichen Selbstmord.

Niemand weiß, wieviele Drogen- und Alkoholabhängige mit dieser Gewohnheit aus einem Gefühl des Selbstmitleids heraus begonnen haben. Aber ich würde vermuten, daß der Prozentsatz schwankt und viel höher ist, als die meisten Fachleute glauben. Ich weiß mehr über Alkoholiker Bescheid als über Drogenabhängige, und bei Alkoholikern bin ich mir sicher, daß ein Großteil der Betrunkenheit nichts anderes ist, als jemand anderem Schuldgefühle und Bedauern einzuimpfen.

Hören Sie einmal von Zeit zu Zeit einer Gruppe von Männern an der Bar zu, und Sie können den ganzen selbstbemitleidenden Unsinn hören. Ein Mann mag sich betrinken, da seine Frau gereizt war oder sie dem Hund mehr Aufmerksamkeit schenkte als ihm. Was auch immer der Grund ist, es ist richtig zu sagen, daß Trinker nicht nur ein bedauernswerter Haufen sind, sondern sich selbst auch bedauern.

Ich möchte Alkoholiker nicht erniedrigen oder schroff zu ihnen sein, aber ich denke, daß die Wahrheit weniger weh tut als Unwissenheit. Lassen Sie mich also folgendes sagen: Alkoholiker und schwere Trinker sind oft sehr unsichere Menschen, die sich selbst bemitleiden, da es nicht nach ihrem Willen geht. Haben Sie je ein Kind beobachtet, das nicht bekam, was es wollte? Es macht oft ein Spiel daraus, so außer sich zu sein, daß man meinen könnte, die Welt geht unter. Damit Sie sehen, was es durchmacht, sollen Sie denken, daß, früh zu Bett zu gehen, es umbringen wird. All die Tränen und das Schreien sind reines Selbstmitleid, und sie haben nur einen Zweck: an Ihr Mitleid zu appellieren, sodaß Sie nachgeben.

In dieser Situation ist nicht nur Selbstmitleid beteiligt, sondern auch Fremdmitleid. Ich werde darauf näher im nächsten Kapitel eingehen. Im Augenblick jedoch ist es wichtig, daß Sie erkennen, welche Macht Sie anderen geben, indem Sie auf deren Selbstmitleid eingehen. Ich erinnere mich an einige Patienten, die nie erwachsen wurden, da sie so erfolgreiche Sympathie-Sucher waren. Warum sollte man lernen, die Dinge zu akzeptieren, wenn man nur so aussehen muß, als sei man am Boden zerstört, wenn man nur zu schreien braucht, den Menschen zeigen muß, welche Qualen man leidet, und das solange tut, bis der andere sagt, es tut ihm leid?

Ich wurde kürzlich wieder daran erinnert, wie wohlüberlegt diese hysterischen Anfälle von Selbstmitleid sein können. Ein junger Mann rief mich an und sprach eine halbe Stunde mit mir. Er war so ruhig und gefaßt, wie man sich das nur vorstellen kann, und er schien völlig über den Dingen zu stehen. Einige Stunden später rief mich sein Vater aus einer Nervenklinik an, um mir zu sagen, daß der junge Mann in hohem Maße lüge, und daß ich nicht die geringste Ahnung habe, was wirklich in seinem Sohn vorginge. Es scheint, daß der Sohn sich nur wenige Minuten nach seinem Anruf bei mir so sonderbar und ungestüm verhalten hat, daß es ratsam schien, ihn in eine Nervenklinik einzuweisen. Ehe er jedoch hierzu zustimmte, wollte er mich um Rat fragen. Ich hatte mit dem ruhigsten, gefaßtesten und vernünftigsten Menschen gesprochen, mit dem ich an diesem Tag gesprochen hatte.

Der Junge hatte einen berechneten Gefühlsausbruch, um Sympathie zu ernten und seine Eltern zu zwingen, sich so große Sorgen zu machen, daß sie so in Angst lebten, daß sie nichts Drastisches unternehmen würden. Sie bemerkten kaum, wie sie ein Teil seines kleinen Spieles waren, das in diesem Fall ein wenig die gegenteilige Wirkung hatte.

Wie Sie sich davor schützen, ein Fußabstreifer zu sein

Eine der ungesündesten Folgen von Selbstmitleid ist, daß Sie Menschen erlauben, Sie zu gebrauchen, zu manipulieren und auszunutzen. Unzählige Millionen von Kindern und Erwachsenen gehen durch ihr Leben, indem sie ihre Wunden lecken, schweigend leiden, zurückgezogen weinen und das Gefühl haben, daß sie kein Recht haben, für ihre Rechte einzutreten.

Der Selbstbemitleider denkt, er habe keine Rechte, er glaubt, daß eine Auseinandersetzung mit seinem Partner schlimmer ist als hoher Blutdruck oder Migräne, und aus mysteriösen Gründen ist er der Meinung, daß er immer im Unrecht ist, wenn jemand seine Gedanken in Frage stellt. Diesem traurigen Zustand liegt die Angst zugrunde, gut von sich zu denken, und die Angst, egoistisch und selbstbezogen zu sein. Und darin liegt ein Körnchen Wahrheit. Aber man muß wissen, was man unter Selbstsucht versteht. Ich betrachte ein gewisses Maß an Selbstsucht als vollkommen in Ordnung und gesund. Ich mag das Wort selbstsüchtig nicht, da es beinhaltet, daß es ausschließlich nach dem eigenen Willen gehen muß. Das ist ein unreifer und wenig empfehlenswerter Weg zu leben. Wenn wir jedoch das Wort ändern und es "aufgeklärtes Selbstinteresse" nennen, dann kommen wir dem näher, was alle gesunden Menschen besitzen.

Schauen Sie von Zeit zu Zeit um sich und bemerken Sie, wie starke Menschen in ihrem Leben, in der Politik, am Arbeitsplatz, ein hohes Maß an Selbstinteresse haben. Sie haben nicht im geringsten Bedenken, für ihre Rechte einzutreten, sich, wenn notwendig, darüber auseinanderzusetzen und Beziehungen zu beenden. Sie lassen sich nicht herumstoßen, da sie sich nicht bemitleiden, wenn sie verletzt sind. Stattdessen sind sie empört und treten sofort selbstsicher auf, denn *gerecht ist gerecht.* Dies ist der Schlüssel, um Ihre Neigung zu überwinden, ein Fußabstreifer zu sein. Wenn Sie wirklich denken, daß Sie in Ihrer Handlungsweise gerecht waren, dann geben Sie nicht weiter nach, oder Sie werden feststellen, daß Sie benutzt und wenig geschätzt werden. Einige Menschen werden einfach nicht fair sein, da sie wirklich nicht wissen, worüber Sie so unglücklich sind. Sie müssen es ihnen sagen oder schreiben oder es ihnen vielleicht durch Ihr Verhalten zeigen, daß Sie genug haben. Wenn Sie dies nicht tun, dann werden Sie sich bemitleiden, deprimiert werden und Ihrem Freund oder Partner Schuldgefühle machen oder ihn verärgern. Sie könnten natürlich mit Ihrem Selbstmitleid fortfahren und es auf die Spitze treiben, um Ihren Willen durchzusetzen, aber denken Sie nur einmal daran, was es Sie kosten würde, auf diese Weise zu gewinnen. Wenn Ihr Selbstmitleid nicht funktioniert, dann kommt es gewöhnlich am

Ende zu einer Auseinandersetzung, und für eine gewisse Zeit wird sich etwas ändern. Mit der Zeit jedoch wird sich allmählich das alte Verhalten wieder einschleichen, wo Sie dann immer das Geschirr spülen, die Abende alleine zu Hause verbringen, während er mit Freunden ausgeht, usw.

Um diese Falle zu vermeiden, denken Sie daran, daß *Sie niemand mit Füßen tritt, ohne daß Sie es ihm erlauben.* Sie wirken tatsächlich dabei mit, wenn eine andere Person Sie kontrolliert. Die Tatsache, daß Sie sich oft beklagen und kleine Veränderungen bewirken, ändert nichts an der Tatsache, daß schließlich wieder alles beim alten sein wird, da Sie es zulassen.

Dies geschieht, weil Sie a) zu gering von sich denken, b) eine Beziehung zu lange aufrechterhalten, da Sie denken, Sie werden nie jemand anderen finden, oder c) beides. Das Einzigste, was übrig bleibt, ist das sehr unbefriedigende Gefühl, daß niemand Sie versteht, daß Sie im Leben einfach dazu verdammmt sind zu leiden, während andere Ihr Ziel erreichen, und daß sie vielleicht irgendwo im Himmel einen speziellen Platz für Märtyrer haben.

Genug davon! Die Zeit ist für Sie gekommen, die Menschen um Sie herum ein für alle Male wissen zu lassen, daß Sie genug von ihrer Herumstoßerei haben, und wenn sie nicht sofort damit aufhören, dann werden Sie nicht länger mitspielen und wenn nötig, die Beziehung beenden. Es wird Sie erstaunen, wie schnell die meisten Menschen anfangen werden nachzugeben, wenn sie sehen, daß Sie sich nicht länger an der Nase herumführen lassen.

Ich werde nie den Fall der Maus vergessen, die gebrüllt hat. Regina war eine einfältige und schmuddelige junge geschiedene Frau. Ihre drei Kinder waren ihre ganze Lebensaufgabe und sie versuchte, ihre Kinder gut zu erziehen, aber sie lebte in der Nähe ihrer Mutter und Schwester. Ein oder zwei Freunde besuchten sie gelegentlich. Zwischen diesen Menschen und Regina herrschte gewöhnlich die einseitigste Beziehung, die ich je gesehen habe. Regina konnte einfach nicht „nein" sagen. Oder besser gesagt, sie *wollte* nicht „nein" sagen. Worum auch immer ihre Mutter oder Schwester sie baten, sie tat es. Es spielte keine Rolle, ob Ruth etwas vorhatte, von ihrer Hausarbeit müde war oder selbst Hilfe von anderen brauchte. Sie mußten nur um einen Gefallen bitten, und Regina fühlte sich verpflichtet, sofort zu rennen und zu helfen.

Sie behielt die ganze Zeit ihren Ärger für sich und tat nichts, um die anderen wissen zu lassen, wie sehr sie es satt hatte. Natürlich wurde sie mit der Zeit sehr depressiv. Als ich sie sah, war sie die Schwermut in Person. So versuchte ich ihr sofort zu zeigen, daß sie dafür verantwortlich war, daß sie von jedem herumkommandiert wurde, da sie Angst hatte, zurückgewiesen zu werden und die Gefühle anderer zu verletzen. Ich erklärte ihr, daß eine Zurückweisung als solche andere nicht verletzen kann, wenn sie daraus nicht eine große Sache machten, und daß es unmöglich sei, die Gefühle anderer zu verletzen, solange *diese* es nicht erlauben, verletzt zu werden. Ich schlug vor, daß Ruth, anstatt sich zu bemitleiden, da andere ihr unfaires Verhalten nicht sahen, beginnen sollte, zu sich selbst zuallerst fair zu sein. Wenn ihre Schwester oder ihre Mutter sie wegen ihrer Unabhängigkeit ablehnen würden, dann würde sie diese zumindest loswerden, eine nicht unbedeutende Erleichterung. Ich vermutete jedoch, daß Ruth nach aller Wahrscheinlichkeit umso mehr Respekt bei anderen gewinnen würde, je mehr sie sich selbst respektierte.

Die darauffolgende Woche kam sie zu mir und berichtete, sie habe die Bitte ihrer Schwester abgelehnt, auf das Baby aufzupassen. Das fiel ihr sehr schwer, und sie war ziemlich nervös, als sie sich das erste Mal seit Jahren für sich stark machte, aber sie blieb standhaft und beendete das Telefongespräch höflich. Die nächsten paar Stunden war sie nervös und unsicher, aber sie verspürte auch ein neues Gefühl der Stärke. Wie auch immer das Gefühl war, das sie erlebte, es war toll für sie, und während ich ihrem Bericht zuhörte, wußte ich, daß sie dabei war, ihre Depressionen zu überwinden.

Mit dieser Erfahrung bewaffnet trat sie als nächstes ihrer Mutter gegenüber, und dieselben Gefühle stellten sich ein. Von ihrer Mutter übertrug sie diese Technik auf den Metzger. Als sie eines Tages ein Stück Fleisch bekam, das nicht gut war, brachte sie es zurück und bestand darauf, daß man ihr ein anderes Stück gab, das das Geld wert war, das sie ausgegeben hatte. Und so ging es weiter. Die Maus in ihr war gestorben und ebenso ihre Depressionen. Regina war danach ein anderer Mensch. Zusätzlich zu ihrer neugewonnen Selbstachtung bemerkte sie eine auffallende Veränderung in dem Maß an Respekt, den sie nun von anderen Leuten entgegengebracht bekam. Diese sagten ihr nicht länger, was sie tun sollte, sondern fragten sehr höflich.War Regina in der Lage, die Bitte zu erfüllen, dann tat sie es froh. Wenn nicht, lehnte sie es ab, und das war´s. Das Lächeln in ihrem Gesicht, der Schwung in ihrem Gang und der lebendige Gesichtsausdruck zeigten klar, daß der Fußabstreifer der Vergangenheit angehörte.

Wenn Sie ein Fußabstreifer oder eine Maus sind, dann überlegen Sie sehr genau, warum Sie eine Zurückweisung nicht ertragen können, und ob Ihr ´Sich-zur-Wehr-setzen´ die Ursache dafür ist, daß es den Menschen schlecht geht. Solange Sie diesen Unsinn nicht als das ansehen, was er ist, werden Sie nie frei und sich selbst sein. Das Ergebnis wird Mißbrauch, Verachtung und Beherrschung durch andere und Depressionen für Sie selbst sein.

Wann man nachgeben soll

Da Selbstmitleid oft daher kommt, daß man anderen zu oft nachgibt, erhebt sich natürlich die Frage: „Wann soll ich nachgeben und wann soll ich standhaft bleiben?"

Die Antwort ist recht einfach. Geben Sie bei Dingen nach, die Ihnen wenig bedeuten. Bleiben Sie standhaft bei Dingen, die Ihnen sehr wichtig sind. Manchmal werden Sie mit einem Kompromiß leben können und manchmal nicht. Folgen Sie Ihrem Gefühl in dieser Hinsicht. Die einzigste Schwäche bei diesem Rat ist die Schwierigkeit der meisten Menschen zu entscheiden, was wirklich wichtig ist. Ich denke mir, daß der beste Weg, dies abzuschätzen, ist, sich selbst zu fragen, ob Sie mit der Frustration gut leben können, oder ob Sie mehr und mehr verbittert werden, wenn Sie nachgeben, bis Sie schließlich explodieren.

Martha haßte es, mit ihrem Mann über sein Zu-Spät-Kommen zu streiten, wenn sie ihn nach der Arbeit abholen wollte. Er ließ sie oft weit länger warten, als es ihrer Meinung nach nötig war. Da sie aber keinen Streit wollte, sagte sie nichts oder machte ihm keine große Szene. Auf diese Weise tolerierte sie die Gedankenlosigkeit ihres Mannes über Monate hinweg und schnappte immer mehr ein, bis sie eines Tages so außer sich geriet, daß der arme Mann völlig sprachlos war. Sie fühlte sich so schlecht, da sie die Kontrolle über sich verloren hatte, daß sie sich am nächsten Tag entschuldigte und wieder auf ihn wartete, während er bummelte. Sie glaubte, kein Recht mehr zu haben, dieses Thema anzusprechen, und überhaupt, was ist so schlimm daran, 30 oder 60 Minuten auf seinen Mann warten zu müssen, wenn dadurch der Frieden in der Familie gewahrt wird und die Beziehung intakt bleibt?

Für Martha wäre es viel vernünftiger gewesen, ihre wahren Gefühle anzuerkennen: Sie verabscheute es, zu warten, und fühlte, daß ihr Mann keinen Grund hatte, in dem Geschäft herumzutrödeln, während sie draußen in der Hitze oder der Kälte wartete. Die Zahl der Depressionen, die sie sich hätte ersparen können, ist unendlich. Alles, was sie tun mußte, war zu erkennen, daß sie durch dieses gedankenlose Verhalten verärgert war, und selbst wenn sie es eine Zeitlang ignorieren konnte, sicher war, auf Dauer gesehen etwas zu sagen. Und das war der Schlüssel, um sich zu entscheiden. Wenn sie dachte, sie könne ihren Mund nicht auf Dauer wegen seines Verhaltens halten, dann war es umso besser, je eher sie darüber sprach. Auf diese Weise wüßte er sofort, wo er stand; sie würde sich sofort besser fühlen, da sie ihre Beschwerde los wäre; schießlich, da ihre Beschwerde früh genug angemeldet wäre, würde es nie zu einem heftigen Angriff ausarten.

Martha hätte einen Kampf mehr mit ihrem Mann durchstehen

müssen, ihn warnen können, daß sie davon fahren würde, wenn er nicht 5 Minuten nach Ende der Arbeit im Wagen wäre, und dann genau das tun sollen. Nach nicht mehr als ein oder zwei Malen hätte er klar gesehen, wie wichtig dieses Thema seiner Frau war, und er wäre wahrscheinlich darauf eingegangen. Es kommt mehr darauf an, daß wir tun, was wir ankündigen, als daß wir sagen, was wir tun werden. Oder um es einfacher zu sagen: Handlungen sprechen eine deutlichere Sprache als Worte, und dies ist nirgendwo wahrer als in einer solchen Situation.

Lassen Sie uns das Ganze noch einmal betrachten. Auf einen zu spät kommenden Ehemann zu warten, mag keine große Sache für Sie sein, aber es war eine für Martha. Deshalb war sie es sich und ihrem Mann schuldig, etwas dagegen zu tun. Sie konnte aufgrund der Tatsache, daß sie nicht darüber hinweggehen konnte, ferner wissen, daß es nicht nur ein vorübergehendes Ärgernis war. Da sie es nicht übergehen konnte, sollte sie sich damit auseinandersetzen, je früher desto besser. Für sie war das Warten im Wagen also nicht etwas, das sie hinnehmen sollte. Sie hätte vielleicht nichts dagegen gehabt, wenn ihr Mann sie im Stich gelassen hätte; in diesem Fall hätte sie seine Trödelei gut akzeptieren können. Eine andere Frau hätte das vielleicht nicht ruhig akzeptiert. Jedem das Seine. Seien Sie nur ehrlich zu sich und erkennen Sie, was Sie tolerieren wollen und was nicht. Dann ignorieren Sie es für immer oder tun gleich bei seinem nächsten Auftreten etwas dagegen.

Ist Gewalt je gerechtfertigt?

Vielleicht fragen Sie sich nun, ob körperliche Gewalt in meiner Überzeugung, daß man ein Recht hat, für sich selbst einzutreten, eingeschlossen ist. Vollkommen richtig! Aber nur zur Selbstverteidigung. Andere Menschen zu schlagen (Kinder ausgenommen) sollte nur auf solche seltenen Situationen beschränkt sein, in denen man verletzt werden könnte. Ich sehe keinen anderen Grund, Erwachsene zu verletzen, und es kommt auch nichts Gutes dabei heraus, gleich unter welchen Umständen, zu schlagen.

Es gibt sogar noch einen besseren Grund, keine Zuflucht bei Gewalt zu suchen. Um Manipulationen durch andere zu vermeiden, brauchen Sie sich nur zu weigern, mit der Person zu kooperieren, die Sie zu kontrollieren versucht. Sie müssen nicht zu ihm hinschleichen und ihm den Kopf einschlagen, während er schläft. Dieses Verhalten kann Ihnen höchstens lebenslänglich einbringen, zumindest aber einen ausgezeichneten Feind. Wahrscheinlich werden Sie eines Tages auch so behandelt, wenn Sie das Problem auf diese Weise lösen.

Ein besserer Weg, Kontrolle durch andere zu vermeiden, ist, sich zu weigern, mit dem Kontrollierenden zu kooperieren. Zum Beispiel kann die Frau eines eifersüchtigen Mannes es sich gefallen lassen, daß man ihr vorschreibt, zu Hause zu bleiben, um einen Streit zu vermeiden, da Reinhold denkt, sie werde mit jedem dritten Mann, den sie trifft, Händchen halten. Wenn sie das tut, dann wird sie sich nicht mehr amüsieren können, da sie nicht aus dem Haus kommt. Dann wird sie sich selbst bemitleiden, und schon ist die deprimiert.

Sie kann ihm aber auch freundlich sagen, daß sie mit ein paar Freundinnen Karten spielen geht. Und wenn Reinhold handgreiflich wird, dann sollte sie zurückschlagen. Er begann, Gewalt zu gebrauchen, also hat sie ein Recht zurückzuschlagen. Wenn sie jedoch nur 60 Kilogramm wiegt und er über 80 Kilogramm und noch dazu den Schwarzen Gürtel in Karate hat, dann wäre sie ein Narr, sich auf diese Weise zu verteidigen. Sie könnte jedoch später die Polizei rufen oder sich von ihm trennen, es sei denn, er würde einsehen, daß sie ein Recht hat, frei zu sein und auszugehen, wenn sie es möchte. Einige Zeit für sich zu haben und zu gehen, wohin sie möchte, ist ein Recht, das sie als Erwachsener hat. Wenn sie in diesem Punkt nachgibt, dann wird sie aus ihrem Mann einen Diktator machen. Also könnte sie ihm auch ganz klar sagen, was ihm, dem chauvinistischen Schwein, sein gewalttätiges Verhalten einbringt.

Es mag einigen von Ihnen nun so erscheinen, als ob ich einen ziemlich harten Standpunkt einnehme. Das ist nicht der Fall. Ich deute lediglich an, daß Menschen, die von anderen kontrolliert werden, dies gewöhnlich früher oder später satt haben und sich, wenn sie früher handeln, viel Kummer ersparen können. Ich kenne unzählige Frauen, die jahrelang ihre Feigheit mit allen möglichen Entschuldigungen gerechtfertigt haben: „Ich könnte verletzt werden", „Die Kinder brauchen einen Vater", „Wie soll ich alleine klarkommen?" Wenn jedoch der Tag kommt, an dem sie sein Verhalten nicht länger ertragen können, sind all diese Entschuldigungen vergessen, und plötzlich findet unser süßes, feiges und ängstliches Häschen die Stärke, um sich gegen den Tyrannen zur Wehr zu setzen. Das Traurige an ihrem Verhalten ist die Tatsache, daß es so spät kommt. Einige Frauen bringen den Mumm erst auf, wenn sie 20 Jahre von ihren Kindern, dem Arbeitgeber oder Ehemann mißbraucht worden sind. Sie erkennen nicht, daß sie eines Tages an den Punkt kommen werden, wo sie es leid sind. Warum also sollen sie nicht schon früh etwas unternehmen und so Jahre des Leidens vermeiden?

Nur Löwen lieben Märtyrer

Eines der letzten Dinge, die ich über Selbstmitleid sagen möchte, ist, daß es häufig Menschen *gegen* Sie aufhetzt, die Sie so gerne *für* sich gewinnen möchten. Die Wahrheit ist, daß die Welt einen Märtyrer haßt. Das ist das letzte, was ein Märtyrer möchte, da er der Idee so nachhängt, daß sein Leiden einfach die innersten Gefühle derjenigen berühren muß, die ihm nahestehen. Es berührt ihre Gefühle, aber nicht ihre Herzen. Es berührt ihre Nerven, da der Märtyrer sich aggressiv verhält, auch wenn er dies leugnet. Aber die Person, auf die das Märtyrertum abzielt, sieht klar, daß sie angegriffen wird. Das genau ist der Grund, warum Märtyrer nicht mehr beliebt sind, und dies ist wahrscheinlich der Grund, warum sie vor 2000 Jahren den Löwen zum Fraß vorgeworfen wurden. Wir würden solch eine unmenschliche Behandlung heute nicht mehr tolerieren, aber was wir dem Märtyrer antun, ist beinahe ebenso unfreundlich. Wir geben ihm nach. Dies ermutigt ihn, sich noch mehr zu bemitleiden, da er für seine rührende Aufführung belohnt wurde.

Wenn Sie nicht glauben, daß Menschen, die lange leiden, für das Zurschaustellen ihres Leidens abgelehnt werden, dann beobachten Sie einmal, wie leicht Menschen an Bettlern vorbeilaufen. Da sitzen diese armen Teufel im Regen und im Sonnenschein, mit verkrüppelten Beinen oder blind in den schwarzen Himmel starrend. Alles, was sie möchten, ist, daß Sie ihnen einen Bleistift abkaufen. Eine Münze von jedem Passanten würde ihnen einige der Annehmlichkeiten des Lebens geben. Aber haben Sie gesehen, daß jede 5. Person einem Bettler eine Münze gibt? Nicht sehr oft, wette ich. Und warum nicht? Da wir uns schuldig fühlen, daß es uns nicht so geht wie ihm, schauen wir weg. Oder wir geben ihm keine Almosen, da wir denken, er benutze sein Gebrechen, um Geld aus uns herauszupressen. Unglücklicherweise wenden sich Menschen von Selbstbemitleidern ab, selbst wenn diese eine enorme Rechtfertigung für ihr Selbstmitleid haben. Stellen Sie sich vor, wieviel weniger Mitleid Sie von Ihrem Freund oder Partner für die trivialen Dinge bekommen, für die Sie bemitleidet werden möchten. Wenn die Menschen sogar an Ihnen vorbeigehen, obwohl Sie blind oder lahm sind, wie können Sie dann eine positive Reaktion erwarten, wenn alles, worüber Sie sich beklagen können, die Tatsache ist, daß Sie seit zwei Wochen nicht mehr im Kino waren?

Selbstbemitleider der Welt hört auf damit! Ihr benutzt eine Kontrollmethode, die nur bei dummen und schwachen Menschen funktioniert und aus euch auch einen erstklassigen Dummkopf macht. Es gibt bessere Wege, das vom Leben zu bekommen, was ihr möchtet, indem ihr z.B. für euch selbst einsteht, euch keine Sorgen macht, wieviele Menschen euch mögen, die Dinge so akzeptiert, wie sie sind, wenn ihr diese nicht ändern könnt, aus einer Mücke keinen Elefanten macht oder nicht glaubt, alles müßte immer nach eurem Willen gehen, und daß ihr sterben werdet, wenn ihr frustriert seid. Macht diese Veränderungen in eurem Leben, und ich garantiere euch, es wird viel weniger Selbstmitleid in eurem Leben geben und ebenso viel weniger Depressionen.

Kapitel 5
Fremdmitleid

Wir kommen nun zu der dritten und letzten Hauptursache für seelisch bedingte Depressionen: Fremdmitleid. Wie ich Ihnen zeigen werde, haben Sie es hier beim Erlernen neuer Einstellungen auch nicht leicht. In diesem Fall jedoch fühlen Sie sich schuldig, da Sie die Probleme anderer *nicht* so ernst nehmen.

So wie es absolut möglich ist, depressiv zu werden und eine niedergedrückte Stimmung zu bekommen, wenn Sie sich selbst bemitleiden, gibt es keinen Grund, warum Sie nicht niedergedrückt werden sollten, wenn Sie andere bemitleiden. Das ergibt doch einen Sinn, oder? Tatsächlich gibt es, wenn ich verallgemeinern würde, nur zwei wichtige Ursachen für Depressionen: Selbstvorwürfe und Mitleid. Mitleid, gleich in welcher Richtung angewendet, kann Sie deprimieren, gleichgültig ob Sie sich selbst oder andere, Tiere und Dinge wie eine Stadt, eine Landschaft oder ein Flugzeug bemitleiden. Ich erinnere mich, daß ich vor Jahren ziemlich niedergeschlagen war, als ich meinen Wagen auf den Schrottplatz bringen mußte. Er war kaputt und es lohnte sich nicht, ihn zu reparieren. Damit Sie meine Gefühle über den Verlust des Wagens verstehen können, müssen Sie wissen, daß es mein erster Wagen war, den ich von meinem eigenen Geld gekauft hatte. Ich hatte viel Arbeit hineingesteckt, ihn neu gepolstert und lackiert (sogar mit einem Rasierpinsel) und vor allem hatte er mich auf vielen langen und sorgenfreien Reisen begleitet, um nun in seiner letzten Ruhestätte auf einem kalten und desolaten Schrottplatz zu landen. Als ich den Platz verließ, warf ich einen letzten Blick auf meinen schönen Freund zurück, der so treu in vielen anstrengenden Tagen gewesen war. Als ich ihn zwischen all den häßlichen Wracks sah, zerbrach es mir fast mein Herz. Mein Wagen tat mir leid. Er hatte nicht ein solches Ende verdient, aber es gab nichts, was ich tun konnte. Ab und zu frage ich mich, was wohl mit meinem kleinen Wagen passiert ist und wie er heute aussieht.

Wenn Sie also über eine schöne Stadt, die ausstirbt, Ihren Geburtsort, der sich über die Jahre hinweg änderte oder über Ihren Hund, der überfahren wurde, deprimiert werden, dann ist das eine ganz normale Reaktion, die unter Fremdmitleid fällt.

Die Angst, herzlos zu sein

Einer der Hauptgründe dafür, daß Fremdmitleid so verbreitet ist, ist das schlechte Gewissen der Menschen, nicht über das Unglück anderer deprimiert zu sein. Wenn man bei einem Begräbnis nicht deprimiert ist, dann könnte das als roh und herzlos angesehen werden. Sich nicht schlecht zu fühlen, erscheint anderen als gleichgültig und unbeteiligt. Deshalb zeigen Menschen nicht nur Gefühle, wenn sie tatsächlich bestürzt sind, sondern auch da sie denken, sie *sollten* Gefühle zeigen, wenn ein unglückliches Ereignis eintritt. Die soziale Etikette verlangt quasi, daß bestimmte Ereignisse von bestimmten Gefühlen begleitet werden. Eine Maus im Zimmer, das voller Menschen ist, muß die Frauen zum Schreien bringen. Es wäre nicht normal, wenn sie nicht schreien würden, selbst wenn es der Maus unmöglich ist, die Beine der Frauen hochzuklettern. Selbst wenn sie alle Freizeithosen und Skischuhe tragen würden, dann würden sie schreien. Die Situation verlangt einfach diese stereotype Reaktion.

Es ist besonders schwierig, nicht auf Situationen zu reagieren, in denen Mitgefühl erwartet wird. Wenn man bei Schmerzen oder einem persönlichen Verlust ruhig bleibt, dann wird das oft als grausam und sorglos angesehen. Es muß nicht so sein, aber Ruhe und ein Mangel intensiver Gefühle erweckt bei Menschen den Eindruck, als ob uns die Notlage des anderen gleichgültig ist.

Was würden Sie von jemandem denken, der seinem Freund, der

sich einen Fuß gebrochen hat, in den Krankenwagen hilft, aber dann sofort zu dem Fußballspiel zurückkehrt. Klingt ziemlich hart, oder? Wenn der Mann jedoch dafür gesorgt hätte, daß alles Mögliche für seinen Freund getan wird, wenn er sicher wäre, daß die Eltern des Freundes ihren Sohn im Krankenhaus in Empfang nehmen werden, würde es dann nicht vernünftig scheinen, daß er alles in seiner Macht Stehende getan hat, sodaß er zu dem Spiel zurückkehren und Spaß haben kann? Ich vermute, das erscheint Ihnen immer noch als gefühllos, aber nur, weil Sie gelernt haben, Ihre Hilfe für andere danach zu beurteilen, wie sehr Sie persönlich betroffen sind. Die Menschen finden es schwierig zu glauben, daß zurückhaltende Menschen wirklich intensive Gefühle haben können, oder daß gesunde Menschen nicht immer an die Tragödie denken müssen, ohne sie als Bagatelle anzusehen.

Die irrationalen Gedanken, die Fremdmitleid verursachen

Je nachdem, wie Sie es betrachten, gibt es einen oder zwei irrationale Gedanken, die Fremdmitleid erzeugen. Der erste ist, daß Unglücklichsein von außen verursacht wird, daß andere uns aus der Fassung bringen und unsere Gefühle nichts damit zu tun haben, wie wir etwas betrachten. Der zweite ist, daß man über die Probleme und Nöte anderer bestürzt und beunruhigt sein sollte.

Unglücklichsein wird nicht von außen verursacht, Enttäuschungen dagegen häufig. Was mit unseren Enttäuschungen passiert, hängt gewöhnlich von uns ab, ob wir aus der Fassung geraten oder nicht. Wenn wir den Gedanken, daß Enttäuschungen am Punkt A uns bei C beunruhigen, gründlich hinterfragen, dann werden wir schließlich an den Punkt kommen, an dem wir in der Lage sind, unser unglückliches Gefühl über das Pech eines anderen zu überwinden. Fast jede Erfahrung kann ruhig akzeptiert werden, wenn man daran arbeitet, vernünftig darüber zu denken. Menschen haben, ohne depressiv zu werden, einem Exekutionskommando, einem tödlichen Krebs oder dem Hungertod ins Auge gesehen.

Wenn Sie also das nächste Mal ein verhungerndes Kind im Fernsehen sehen, dann denken Sie daran, daß das zwar sehr bedauerlich ist, aber daß es nicht in der Lage ist, Sie deprimiert zu machen, wenn Sie es nicht zulassen. Und wenn Sie ein noch lebendes Kind sehen, das am verhungern ist, dann müssen Sie auch nicht depressiv werden, wenn Sie es nicht zulassen. Anstatt wegen des verhungernden Kindes einen Nervenzusammenbruch zu bekommen, packen Sie es lieber in eine Decke, geben ihm Essen und bringen es auf dem schnellsten Weg in ein Krankenhaus.

Der zweite Gedanke, der hinter Fremdmitleid steckt, ist, daß Sie denken, Sie müßten bestürzt sein, da andere bestürzt oder in Schwierigkeiten sind. Warum um himmelswillen *sollten* Sie so reagieren? Hilft Ihr Leiden dem Opfer? Können Sie besser Hilfe leisten, wenn Sie wegen seines Problems sehr bestürzt sind? Wollen Sie mir erklären, daß Sie nicht wissen, wie Sie dem anderen helfen können, ohne daß Sie zuerst vollkommen am Boden zerstört sind? Wenn das so ist, warum rät man uns dann die ganze Zeit, ruhig zu bleiben und nicht den Kopf zu verlieren? Aber nein, wir sind gewöhnlich zuerst aufgeregt, nervös und deprimiert, und dann, nachdem wir einen kleineren gefühlsmäßigen Anfall hatten, entscheiden wir, daß wir besser etwas tun sollten. Ist das nicht eine Verschwendung von Zeit und Energie? Wieviel besser könnten wir helfen, wenn wir eine mißliche Lage schnell einschätzen könnten, ruhig blieben und handeln würden, auch wenn wir es mit einer Tragödie zu tun haben, und dadurch wahrlich eine echte Hilfe sein könnten.

Doch so reagieren wir selten, es sei denn, eine Person hatte bereits beträchtliche Erfahrung mit Tragödien. Sanitäter, Militärärzte oder Ärzte, all dies sind Menschen, die darin geübt sind, mit Menschen in großer Not umzugehen, ohne den Verstand zu verlieren. Tatsächlich rechnen wir damit, daß sie ihren Humor behalten, und wir würden nichts mit ihnen zu tun haben wollen, wenn sie nicht in der Lage wären, das Leiden der anderen von sich fernzuhalten. In ihrer Ausbildung wird auf diese Eigenschaft geachtet, auf die Fähigkeit, Mitgefühl ohne übermäßige Sympathie zu haben, besorgt, aber nicht überbesorgt zu sein. Wenn sie dazu nicht in der Lage sind, dann werden sie es in ihrer Ausbildung nicht weit bringen. Diese Fähigkeit, sich nicht mit dem Leid zu identifizieren, wäre unmöglich, wenn diese Fachleute tatsächlich nicht dem Gedanken zustimmen würden, daß Unglücklichsein nicht von außen verursacht wird, und daß sie nicht depressiv werden müssen, weil die Menschen, denen sie helfen, depressiv sind.

Sich sorgen und überbesorgt sein

Jeder zivilisierte Mensch fühlt mit, wenn ein anderer leidet. Wer kein Einfühlungsvermögen oder kein Gespür dafür hat, was andere durchmachen, ist offensichtlich einfältig, schwachsinnig oder oberflächlich. Sich um die Notlage eines anderen zu kümmern, ist ein Beweis für einen zivilisierten Menschen; aber sich zu sehr zu kümmern nicht. Dies ist der große Unterschied, den Sie machen müssen, wenn Sie gesund bleiben wollen.

„Wie kann ich wissen, wann ich mich zu sehr sorge?", fragen Sie nun vielleicht. Sehr einfach. Wenn Sie verletzt sind. Wenn Sie beginnen, deprimiert, niedergeschlagen oder ärgerlich zu werden, dann sorgen Sie sich zu sehr um die andere Person, und dann verhalten Sie sich unvernünftig. Jawohl, unvernünftig, da Ihr Verletztsein zum Leid des anderen nur noch mehr Leid hinzufügt. Ihr Freund wollte nicht, daß Sie leiden oder deprimiert sind. Er erwartete von Ihnen, daß Sie *ihn* auf Ihre Stufe der Heiterkeit hochziehen, und nicht, daß er Sie auf seine Stufe der Verzweiflung herunterzieht.

Ein schönes Beispiel dafür, wie Fremdmitleid vollkommen edel zu sein scheint, in Wirklichkeit aber sehr gefährlich und unwirksam ist, war der Fall einer Sozialarbeiterin, die wegen Depressionen zu mir kam. Ich erkannte sehr schnell, daß sie das Leid, das sie jeden Tag auf ihrer Runde durch das Ghetto sah, nicht ertragen konnte. Wenn sie am Abend in ihre komfortable Wohnung zurückkehrte, dachte sie über all das Leid nach, das sie an diesem Tag gesehen hatte, und das Gewicht der Last anderer Menschen wurde so schwer, daß sie nicht essen konnte. Schließlich wurde sie immer energieloser, bis sie an einigen Tagen nicht mehr zur Arbeit gehen konnte. Unsere Unterhaltung verlief etwa so:

„Frau Schulze, sie müssen aufhören, sich so sehr um andere zu sorgen, denen sie helfen möchten, oder sie werden ihre Depressionen nicht überwinden. Was sie wirklich deprimiert, ist ihre Überzeugung, daß sie wegen der Probleme anderer beunruhigt und entsetzt sein *sollten*".

„Ja genau, so ist es. Ich denke tatsächlich, daß ich wegen dieser armen Kinder, den dreckigen Räumen, wo keine Sonne scheint, und wo die Erwachsenen den ganzen Tag nur herumsitzen und verrückt werden, betroffen sein sollte. Es bricht mir das Herz, das Tag für Tag mitansehen zu müssen".

„*Es* bricht ihnen nicht das Herz, Frau Schulz. *Sie* brechen es sich. Sie hören nicht auf, sich zu sagen, daß sie beunruhigt sein *sollten*, daß deren Probleme sie bestürzen *müssen*, und daß sie keine Kontrolle über ihre Gefühle in dieser Situation haben. Wenn sie diese dummen Gedanken sehr sorgfältig überdenken und aufhören würden, daran zu glauben, daß sie wegen der Probleme anderer aus der Fassung geraten müssen, dann versichere ich ihnen, würde sich ihre depressive Verstimmung über Nacht verflüchtigen".

„Aber wie soll ich diese Erinnerungen aus meinem Kopf verbannen? Ich sehe Tag ein, Tag aus Leid. Ich kann einfach nicht nach Hause gehen und es vergessen", erwiderte sie protestierend.

„Ich bin froh, daß sie sagen, daß sie nicht vergessen können, was sie am Tag sehen, denn sonst wären sie sehr herzlos und ich müßte ihnen vorschlagen, sich in Behandlung zu begeben, damit sie ein Mitgefühl für ihre Mitmenschen entwickeln können. Aber ehrlich, Frau Schulz, müssen sie sich so sehr sorgen, daß sie seelische Probleme bekommen? Wenn sie wirklich glauben würden, daß sie nicht bestürzt sein müßten, wären sie es dann?"

„Nein, ich denke nicht. Aber wie in aller Welt kann ich mich davon überzeugen, daß ich dieses Elend anschauen kann, ohne deprimiert zu werden?"

„Indem sie ihre unvernünftigen Gedanken sehr gründlich

durchdenken und sich fragen, ob sie einen Sinn ergeben. Erstens wissen sie durch meine vorangegangenen Worte, daß *sie sich selbst* aus der Fassung bringen; die Dinge können sie nicht bestürzen. Zweitens, da sie wegen des Elends, das sie in der Welt sehen, so niedergeschlagen sind, was können sie tun, um Abhilfe zu schaffen? Haben sie sich in die Arbeit gestürzt und ein Haus vollständig gereinigt? Waren sie auf dem Rathaus und haben Alarm geschlagen? Haben sie vielleicht sogar einen Brief an ihren Abgeordneten oder die örtliche Zeitung geschrieben?"

„Nein, tut mir leid, das habe ich nicht. Aber ich verstehe, was Sie meinen. Anstatt deprimiert zu werden, sollte ich ärgerlich werden".

„Ich ziehe das Wort ´empört´ vor. Sie sollten protestieren, kämpfen, ihre Stimme erheben und etwas unternehmen. Das ändert vielleicht die Verhältnisse in den Slums. Da sie aber eine nette Person sind, die wegen der Armut, die sie den ganzen Tag sehen, völlig durcheinandergerät, gehen sie stattdessen nach Hause und fühlen sich elend. Wie klug ist das und wie sehr schätzen das die Leute, die ihre Hilfe benötigen? Sie empfinden so viel für deren Probleme, daß sie krank werden und am nächsten Tag nicht zur Arbeit gehen können, um ihnen zu helfen. Was ist daran gut?"

Glücklicherweise konnte Frau Schulz schnell erkennen, wie dumm und unnötig ihr Verhalten und ihre Symptome waren. Sie raffte sich auf, hörte auf, sich unglücklich zu machen, und fehlte danach nur selten einen Tag bei der Arbeit.

Ein anderes Beispiel dafür, wie verschwenderisch und sogar gefährlich Fremdmitleid ist, lieferte mir ein freundlicher alter Mann, Herr Schuster. Er las sehr viel und wußte sehr gut über Politik Bescheid. Was ihn so auf die Palme brachte, war eine unehrliche Politik, und wie diese den kleinen Geschäftsmann ausnutzte. Sein Bruder war durch kleine örtliche Politiker ruiniert worden, und das verletzte Herrn Schuster so sehr, daß er ruhelos wurde, nicht schlafen konnte und sehr verbittert wurde. Das Schlimmste daran aber war die Tatsache, daß er ein sehr schwaches Herz hatte und es ihm überhaupt nicht guttat, sich so über die Millionen von

Ungerechtigkeiten auf der Welt aufzuregen. Aber Herr Schuster identifizierte sich so sehr mit den Unterdrückten und empfand deren Schaden in dieser ungerechten Welt so sehr nach, daß er beinahe platzte, selbst als er mir davon erzählte. Er lief im Gesicht rot an, atmete mühsam und schwitzte, während er mir über die Ungerechtigkeit und das Leid auf der Welt berichtete. Ich hatte Angst, als er so erzählte, daß er einen Herzanfall in meinem Büro bekommen würde. Um ihn zu beruhigen, schrie ich schließlich so laut, daß ich seine Stimme übertönte, und versicherte ihm, auch ich wüßte, daß die Welt ein stinkender Ort war, aber daß wir beide uns besser an diesen Gestank gewöhnen sollten. Ich lobte ihn wegen seiner Sorgen, die er sich um seine Mitmenschen machte, aber wies auch darauf hin, daß seinen benachteiligten Freunden nicht geholfen wäre, wenn er einen Herzinfarkt bekäme und so sehr darunter leiden würde. Was hatte er gegen die unehrlichen Politiker unternommen? Hatte er sich selbst um ein politisches Amt beworben, jemandem bei der Wahlkampagne geholfen oder Umschläge im Wahlbüro zugeklebt?

Er hatte nichts davon getan. Also diskutierten wir eine Weile über die ausgesprochene Dummheit, sich wegen Zuständen, für deren Linderung er nichts tat, außer zu schreien und sich zu beklagen, beinahe ins Grab zu bringen. Schließlich lernte er, die häßliche Wirklichkeit bereitwilliger zu akzeptieren, obwohl er in seinem Alter und in seiner Verfassung die Ursachen nicht aktiv ändern und nichts zu deren Änderung beitragen konnte. Die Depression und die Aufregung legten sich sehr schön, und als ich das letzte Mal von ihm hörte, lebte er noch. Ich hoffe, daß er sich nicht zu sehr über die Probleme und Störungen anderer Leute aufregt und an einem Herzinfarkt stirbt.

In beiden Beispielen ist leicht zu erkennen, wie eine gesunde und freundliche Besorgnis um das Wohlergehen anderer in einem Fall unfreiwillig in eine schwere Depression und im anderen Fall beinahe zum Tode geführt hatte. Überbesorgnis, nicht Besorgnis, war der Missetäter. Jeder dieser netten Menschen hätte leicht den Moment erkennen können, als sie begannen, sich zu sehr zu sorgen.

In dem Moment, in dem sie bemerkten, daß sie außer sich waren, hätten sie auch erkennen können, daß sie unvernünftig waren und sich selbst schadeten.

Emotionale Erpressung

Eine der ernsthaftesten Folgen von Fremdmitleid ist der heimtückische Gebrauch dieser menschlichen Schwäche. Wenn ich zum Beispiel weiß, daß Sie die Neigung haben, in hohem Maße Mitgefühl für mich zu haben, dann versetzt mich das in die Lage, Sie zu kontrollieren, wenn ich das möchte. Stellen Sie sich nur einmal vor, was ich mir alles leisten kann. Ich kann Sie veranlassen, mich zu sich nach Hause einzuladen, ich kann Sie bewegen, zu heiraten, wen auch immer ich möchte, in welchem Beruf auch immer zu arbeiten, den ich für den besten halte. Wieviel mehr Kontrolle braucht jemand? Wenn ich all das kann, dann gehört mir auch Ihre Seele. Klingt das weithergeholt? Dann lassen Sie sich sagen: Ich kann Ihnen nicht sagen, wieviele Menschen mir erzählt haben, daß sie ihren Partner geheiratet haben, da er oder sie drohten, sich umzubringen. Wieviele Eltern haben ihre Kinder bis weit ins Erwachsenenalter gezwungen, zu Hause zu leben, um nicht alleine zu sein? Sind Sie nie mit Schuldgefühlen manipuliert worden, um Sie dazu zu bewegen nachzugeben? Fast jeder hat diese Technik benutzt oder sie ist auf ihn angewendet worden. Sie funktioniert meist wunderbar, da Sie die vollständige Mitwirkung der Person haben, die Sie kontrollieren möchten.

Lassen Sie sich durch das Leid anderer nicht von dem abbringen, was Sie für in Ihrem besten Interesse halten. Wenn Sie es sich sehr wünschen, Peter zu heiraten, und Ihr Vater bekommt angesichts dieser Aussicht eine Depression, dann geben Sie Ihren Verlobten nicht auf, nur um Ihrem Vater einen Gefallen zu tun, oder Sie akzeptieren seine emotionale Erpressung.

Es gibt mehrere ungeheuer wichtige Tatsachen zu beachten, wenn Sie vermeiden wollen, daß man Sie emotional erpreßt.

1. Gleichgültig, wie sehr sich die andere Person über Ihr Verhalten oder Ihre Pläne aufregt, machen Sie sich nicht für deren Gemütsverfassung verantwortlich. Ihr Vater oder wer auch immer Sie erpressen will, regt sich selbst auf. Sagen Sie ihm das.

2. Wenn der Erpresser versucht, Ihnen zu sagen, er tue dies alles nur aus Liebe zu Ihnen, glauben Sie ihm nicht. Der Erpresser hat keinerlei wirkliches Interesse daran, daß Sie ein unabhängiger Mensch sind. Er wird nur glücklich sein, wenn er seinen Willen durchsetzt. Also hofft er, daß es ihm gelingt, daß Sie sich wegen seiner Tränen, seiner Klagen und seiner Angst so unbehaglich fühlen, daß Sie schließlich Mitleid mit diesem armen Kerl haben und nachgeben. Er ist wirklich fast ausschließlich an seinem Ziel und nicht an dem Ihren interessiert.

3. Lassen Sie nicht zu, daß die Androhung von jemand, sich das Leben zu nehmen, Sie bedrückt. Wenn er diese Waffe gegenüber Ihnen einsetzt, sagen Sie ihm sofort, daß Sie es ablehnen, für seinen Tod die Verantwortung zu übernehmen, daß er über sein Leben bestimmt, daß der ganze Gedanke ein durchtriebener Trick ist, und daß er, wenn es ihn glücklich macht, zu sterben, es tun solle. Das ist nicht so herzlos, wie es klingen mag. Wenn Sie sich anders verhalten, dann veranlassen Sie die Person vielleicht, daß sie versucht, sich das Leben zu nehmen, in der Hoffnung, Sie dazu bewegen zu können, nachzugeben. Wenn Sie ihr jedoch ganz klar machen, daß Sie es bedauern, wenn sie so etwas tut, während Sie ihr aber die Freiheit lassen, so zu handeln, dann werden Sie erstaunt sein, wie sie mit diesem Unsinn aufhört. Gerade vor kurzem hörte ich von dem Fall einer Tochter, deren Vater mehrmals gedroht hatte, sich das Leben zu nehmen, um seine Familie zu manipulieren. Eines schönen Tages nahm die Tochter das Telefon ab. Der gute Vater machte dieselbe Drohung, aber dieses Mal holte die Tochter tief Luft und sagte ihrem Vater offen, wenn er dies wirklich tun wolle, dann solle er es tun. Er drohte seiner Familie nie mehr damit.

4. Andere zu bemitleiden, schwächt diese. Anstatt diese aufzubauen, was Sie Ihrer Meinung nach tun, sagt Ihr Mitgefühl diesen nur, für wie hoffnungslos Sie diese halten, und daß Sie vollkommen verstehen, daß sie deprimiert sein müssen. Der andere

sagt sich bereits: „Ich armer Kerl. Ich bin zu dumm, um damit fertigzuwerden". Und Sie kommen mit Ihrem Fremdmitleid und sagen ihm: „Armer Kerl. Du bist wirklich zu dumm, um damit fertigzuwerden". Wie in aller Welt soll der Selbstbemitleider durch diese Behandlung stärker werden? Offensichtlich ist das nicht möglich.

Ein kleiner Junge, der wegen seiner übergroßen Ängstlichkeit zu mir geschickt wurde, war das unfreiwillige Opfer seiner Mutter, die ihn mit Liebe überschüttete. Er war eines der behütetsten Kinder, die ich je gesehen habe. Seine Mutter, die es gut meinte, erlaubte ihm nicht, mit dem Fahrrrad zu fahren, wenn all die anderen Kinder lernten, Fahrrad zu fahren, da Klaus "zu unkoordiniert" war. Aus dem selben Grund lernte Klaus nicht schwimmen, Rollschuhlaufen oder Fußball spielen, bis seine Klassenkamaraden dies ziemlich gut konnten.

Zuerst protestierte Klaus, aber seine Mutter machte sich so große Sorgen um ihn, daß der arme Kerl ihr Mitleid so sehr aufnahm, daß er seine natürliche kindliche Abenteuerlust und Spontanität verlor. Stattdessen riskierte Klaus nichts, wenn er sich dachte, daß er verletzt werden konnte.

Glücklicherweise war seine Mutter eine wirklich fürsorgliche und intelligente Person, die sehr rasch meine Ausführungen verstand. Ich riet ihr, mit dem Mitleid aufzuhören und dem Jungen eine Chance zu geben. Anstatt kreidebleich zu werden, wenn er mit seinen Kameraden schwimmen gehen wollte, sollte sie zum Wohle ihres Sohnes ihre Angst kontrollieren, ein tapferes und herzliches Lächeln aufsetzen und ihn mit einem Klaps auf den Hintern wegschicken. Sicher, stimmte ich ihr zu, er könnte ertrinken, aber was passierte ihm ohnehin? Starb er nicht langsam an Langeweile und extremer Sicherheit? Das Leben ist ein Glücksspiel, und es gibt nichts, was Sie oder ich tun können, um alle seine Gefahren auszuschalten. Die Mutter von Klaus hatte versucht, ihrem Sohn einige der Härten und Gefahren zu ersparen, aber in Wirklichkeit hatte sie ihn der größten Gefahr von allen ausgesetzt: nicht in der

Lage zu sein, mit neuen Situationen umzugehen, keine geeigneten Fertigkeiten zu entwickeln, die ihn befähigen, Gefahren zu vermeiden, kein Gefühl des Selbstvertrauens in ihm aufzubauen, das bei weitem besser ist als eine einsame Ecke. Sicher, er mag sich seine Haut aufschüren oder seine Beine brechen, na und? Ein gebrochenes Bein wird leicht in 4-6 Wochen heilen, aber ein gebrochener Geist mag vielleicht ein Leben lang benötigen, um wieder zu heilen.

Die Mutter von Klaus machte ihre Sache gut. Sie signalisierte ihm nicht wie üblich ihre Besorgnis und gab ihm neuen Mut. Sie zerknüllte ihr Taschentuch nicht, preßte die Lippen nicht zusammen, vergoß keine Tränen, war nicht steif vor Angst und stellte nicht viele Fragen, die beinhalteten, daß er jedesmal in den Rachen des Todes ging, wenn er die Straße überqueren wollte, um in ein Geschäft mit Süßigkeiten zu gehen.

Anfangs zwang sich die Mutter einfach, ihren Sohn gehen zu lassen, und das machte sie fast depressiv. Eine Zeitlang dachte ich, ich müsse sie wegen *ihrer* emotionalen Probleme behandeln. Da sich Klaus jedoch mehr und mehr zu einem normalen Jungen entwickelte, leicht aggressiv wurde und sich gelegentlich wie ein Raufbold verhielt, entspannte sie sich, als sie seine neue Stärke sah. Er lernte, Fahrrad zu fahren, so gut zu schwimmen wie seine Kameraden und Fußball zu spielen. Die wenigen geringfügigen Verletzungen, die er erlitt, waren glücklicherweise nicht so schlimm, daß seine Mutter zu ihrem alten Verhalten zurückkehrte. Glück spielt häufig eine größere Rolle in unserem Leben und in unserer Entwicklung, als wir glauben.

Fremdmitleid kann häufig zu gesetzlichen Ungerechtigkeiten führen

Gerechtigkeit verlangt häufig harte Maßnahmen. Nachgiebig zu sein, wenn man hart bleiben sollte, kann alle möglichen Arten von Ungerechtigkeiten verursachen. Und was verursacht mehr rührseliges Mitgefühl als Fremdmitleid? Nichts! Sich überschwenglich und weichlich gegenüber einer anderen Person zu fühlen, kann dazu führen, daß Sie diese völlig mißverstehen und auf eine Art und Weise behandeln, die nicht in deren besten Interesse ist.

Nehmen wir den Fall von Herrn Pollak. Er trank zuviel, fuhr immer betrunken Auto und hatte unter Alkohol eine Reihe von Unfällen verursacht. Dies hat ihn jedoch bei seinem Trinken nicht ernsthaft gestört, denn er machte einfach unbekümmert so weiter und erkannte die Gefahr nicht, in die er andere brachte. Eines Nachts fuhr er beinahe einen Fußgänger um und rammte einen parkenden Wagen.

Unter den Geschworenen war eine meiner Patientinnen, Frau Schmitt, deren größtes Problem es war, daß sie andere bemitleidete. Ich hatte mit ihr an diesem Problem über mehrere Monate hinweg gearbeitet, und sie hatte diese Neigung wunderbar unter Kontrolle, als sie gebeten wurde, im Geschworenengericht beizusitzen.

Als sich die Geschworenen eines Tages zur Beratung zurückzogen, machte Frau Schmitt eine höchst interessante Erfahrung. Sie war die einzigste, die dafür war, daß Herr Pollak für schuldig befunden werden und eine schwere Geldstrafe, sowie eine kurze Gefängnisstrafe bekommen sollte. Sie hatte kein Mitleid mit dem Angeklagten und glaubte, daß eine ordentliche Abreibung ihm die Augen öffnen würde und ihn verantwortungsvoll handeln ließ. Die anderen Geschworenen jedoch wollten den Unfall von Herrn Pollak in seiner Bedeutung abschwächen und ihn glimpflich davonkommen lassen, da der Wagen des anderen nur wenig beschädigt war. Dies befriedigte meine Patientin nicht, da sie viel mehr damit beschäftigt war, auf Herrn Pollak einen starken Eindruck zu machen, als mit der Notwendigkeit, ihn lediglich aufgrund dieses einen Unfalls zu verurteilen.

Sie sagte: „Es schien mir, daß alle Geschworenen, so wie ich mein ganzes Leben, unter Fremdmitleid litten. Ich kannte die Anzeichen hierfür sehr gut und konnte sehen, was in ihren Köpfen vorging. Sie sagten sich wahrscheinlich, daß er ein netter Kerl sei und nicht in den Wagen fahren wollte, daß er sicherlich aus dieser Erfahrung lernen würde, obwohl er so etwas schon einmal gemacht hatte, und daß sie sich schlecht fühlen würden, wenn er Geld verlieren würde oder ins Gefängnis müßte. Nun wie sie wissen, ging es mir auch mal so. Ich weiß, wo es hinführen kann, wenn man für andere Mitleid empfindet. Man kommt an den Punkt, an dem man sich selbst schadet, weil man nicht die richtige Lektion lernt. Alle Geschworenen waren überrascht und schockiert über meine Beharrlichkeit, diesem Mann sein Verhalten als das vor Augen zu halten, was es war. Sie wollten, daß ich nachgebe, aber ich tat es nicht. Und wissen sie, nach mehreren Stunden der Diskussion hatte ich sie alle auf meiner Seite. Und das Beste von allem ist, daß ich glaube, sie waren mit ihrer Entscheidung zufrieden, da sie das Gute sehen konnten, das sie ihm damit antaten, anstatt ihn so davonkommen zu lassen. Sie haben ihr Fremdmitleid überwunden und konnten mit diesem Problem sehr leicht umgehen, so wie ich auch".

Frau Schmitt hatte guten Grund, so klug zu reden. Ein Teil ihrer Schwierigkeit als Mutter war ihre Unfähigkeit, zu ihren Kindern streng zu sein, da ihre Verbote diesen kurzfristig Enttäuschungen bereiten würden. Anstatt also darauf zu bestehen, daß sie lernen sollten, ließ sie sie am Abend spielen gehen. Anstatt darauf zu bestehen, daß sie mit ihren Musikinstrumenten übten, ließ sie ihre frühen musischen Interessen wieder abklingen. Anstatt darauf zu achten, daß sie ihre Zimmer aufräumten und im Haus mithalfen, machte sie die Arbeit selbst. Sie taten ihr leid, wann immer sie von ihnen erwartete, daß sie arbeiten oder Verantwortung übernehmen sollten. Diese merkten, daß ein langes Gesicht sie nicht kalt ließ, und so legten sie die "Ich Armer"-Platte auf und erreichten, daß sie fast alle Regeln wieder zurücknahm. Am Ende hörten sie kaum noch auf sie, und sie hatte Schwierigkeiten, diese gern zu haben.

Das war sehr ungerecht gegenüber ihren Kindern. Ihr Mitleid für diese machte sie schwach. Das Ergebnis davon war, daß diese zu

Hause regierten und ihr Leben verpfuschten. Als sie zum Gericht ging, konnte sie sehen, wie sich dieses Drama wiederholte. Dieses Mal aber war sie darauf vorbereitet, eine reife und entschlossene Reaktion zu zeigen, anstatt zu wimmern und Mitleid zu haben. Sie war darauf vorbereitet, diesem Mann einen Dienst zu erweisen, indem sie hart mit ihm war, auch wenn sie einen unbeliebten Standpunkt gegenüber dem Rest der Geschworenen einnehmen mußte.

Ein ungeheures Ausmaß an Ungerechtigkeit wird im Namen der Liebe begangen. Es ist Zeit, das Wort Liebe neu zu definieren und es dahingehend zu erweitern, daß es den Gedanken, über den momentanen Augenblick hinaus für jemanden zu sorgen, einschließt, denn was im Augenblick befriedigend ist, ist oft in der nahen Zukunft schlecht für uns. Fremdmitleid beinhaltet nur die gegenwärtige Enttäuschung, nicht die Enttäuschungen, die noch Monate oder Jahre vor uns liegen.

Menschen, die andere bemitleiden, bringen Selbstbemitleider hervor

Keine der negativen Folgen des Fremdmitleides ist so schädlich wie die Erzeugung von Selbstbemitleidern. Um dies zu erkennen, müssen Sie nur eine Mutter und ihr Kind in einem Park beobachten. Das Kind fällt hin und verletzt sich, aber es versucht, dem Schmerz standzuhalten. Seine Mutter hat nicht gesehen, was passiert ist, da sie ein Buch gelesen hat. Ihr Sohn kommt mit einem schmerzverzerrten Gesichtsausdruck zu ihr und hält sein verletztes Knie. In dem Moment, als sie das sieht, schmilzt ihr Herz, sie hätschelt ihn in ihren Armen, hält ihn ganz fest, macht eine Katastrophe aus dem aufgeschürften Knie und gibt ihm zu verstehen, daß er weinen sollte, da er furchtbare Schmerzen erleiden müsse. Und genau das tut das Kind dann: Es bemitleidet sich und dann bricht es in fürchterliches Schluchzen aus. Wenn sich diese Situation oft genug wiederholt, dann wird dies zu einem einzigen Ergebnis führen: zu einem Selbstbemitleider erster Klasse.

Wenn die Mutter ihre mütterliche Anteilnahme zügeln, den Unfall ihres Sohnes feststellen und ihm sogar sagen würde, daß es weh tun muß und er ruhig weinen darf, wenn er möchte, und dann die Wunde mit ihrem Taschentuch sauber machen würde, dann hätte sie ihm einen völlig anderen Umgang gezeigt, auf solche Unfälle zu reagieren. Sie wäre fürsorglich und anteilnahmsvoll gewesen, ohne überschwenglich und bemitleidend zu sein. Nichts in ihrem Verhalten hätte ihren Sohn verletzt. Es hätte ihm nur helfen können. Aber es gibt sehr viel in dem ersten Verhalten, das sein Wachstum behindern könnte.

Die einfache Wahrheit über diese Sache ist, daß wir sehr rasch bemitleidet werden, aber sind Sie vorsichtig, wenn Mitleid mit mütterlicher oder väterlicher Liebe gepaart ist. Wenn Kinder erst einmal ein paar Jahre lang die "Du Armer"-Behandlung bekommen haben, dann nehmen sie diesen Unsinn so gründlich auf, daß sie nicht mehr an andere denken können, sondern nur noch an sich.

Einer der traurigsten Fälle von schädlichem Fremdmitleid, die ich je erlebt habe, war der Fall von Frau Kluge. Sie war eine jener guten Mütter, die sich immer für ihre Kinder und den Mann aufopferte, der Familie wegen verzichtete und glücklich war, ihr zu dienen. All ihre Gefühle investierte sie so in ihre Familienmitglieder, daß diese wahrhaft glaubten, daß die Welt sich nur um sie drehte, daß die Mutter dafür da war, sie zu bedienen, und daß sie ein Recht darauf hatten, in hohem Maße entrüstet zu sein, wenn es nicht nach ihrer bequemen Art ging. Also begann ihr Mann mit den Jungen auszugehen, da er das genoß. Wenn sie freundlich bat, manchmal mitgehen zu dürfen oder am Wochenende ausgeführt zu werden, spielte er sich so auf, daß sie sich wegen ihrer Frage schuldig fühlte.

Obwohl sie sich ein wenig Geld für ein paar besonders schöne Kleider verdiente, kam sie immer mit etwas Neuem für ihre klagenden Töchter nach Hause. Diese dachten, ihre Mutter schulde ihnen in jeder Jahreszeit eine neue Gardarobe. Nach einer Weile halfen sie immer weniger im Haushalt, und selbst wenn sie ihren

Mann um Hilfe bat, damit die Mädchen gehorchen, hatte dies nicht die gewünschte Wirkung. Als sie den Punkt erreichte, wo sie klar erkennen konnte, daß sie ein Dienstmädchen geworden war, konnte sie ihren Zorn immer noch nicht ausdrücken. Stattdessen bemitleidete sie sich und rief mich wegen ihrer Selbstmordgedanken an.

Mein Rat für sie war klar und einfach. „Hören sie auf, so viel für ihre Mannschaft zu sorgen. Lassen sie sie zum Start antreten. Erheben sie sich gegen sie. Wenn sie möchten, dann lassen Sie sie wie abgestochene Säue schreien, aber geben sie unter keinen Umständen nach".

Mein Rat war einfach, aber unmöglich für diesen wohltrainierten Märtyrer zu befolgen. Alles was notwendig war, war ein „Nein" von ihrem Mann und ein empörtes Verlassen des Raumes von ihren Töchtern, und sie war einmal mehr ein niedergeschlagenes Geschöpf. Sie kam nicht mehr zu mir, aber ich kann mir ziemlich gut vorstellen, daß das Muster zu Hause das Gleiche ist, und daß sie weiterhin infolge von Fremd- und Selbstmitleid depressiv sein wird.

Wenn ich nicht für dich dagewesen wäre

Ein weitverbreiteter Weg, wie andere erreichen, Ihnen leid zu tun, ist, Sie für ihre Probleme verantwortlich zu machen. Dann sollen Sie sehen, wie furchtbar Sie waren, und sollen Ihre Meinung ändern, indem Sie dem Beschuldiger alles geben, was er möchte.

Eine junge Frau kam einmal sehr deprimiert zu mir, da sie sich dafür schuldig fühlte, daß sie ihren Mann häufig aus der Fassung brachte, und wegen ihrer Fehler Gewissensbisse ihm gegenüber hatte. Zuerst schien es so, als habe sie einen guten Einblick in ihre Ehe, aber um sicher zu gehen, fragte ich sie.

„Frau Schäfer, können sie mir ein Beispiel dafür geben?"
„Sicher", war ihre Antwort. „Letzte Woche kam die Polizei zu uns nach Hause und fragte nach meinem Mann. Sie hatten einen

Haftbefehl wegen Autodiebstahl. Sie behaupteten, daß der Wagen, den mein Mann letzte Woche gekauft hatte, tatsächlich gestohlen war. Ich war natürlich schockiert und konnte das einfach nicht glauben. Aber es war wahr. Er hatte mir gesagt, er hätte ihn gekauft, und belog mich, wieviel er gekostet und wie er ihn finanziert hatte. Wenn ich ihm nicht glauben würde, dann könnte ich zu der Bank gehen und die Abhebung der letzten Woche einsehen. Als die Polizei und ich ihn bedrängten, beharrte er darauf, er habe den Wagen gestohlen, da ich ihn dazu gezwungen habe".

„Sie haben ihn gezwungen, einen Wagen zu stehlen?", fragte ich.

„Das sagte er. Ich habe wohl kürzlich den Wunsch nach einem neuen Wagen geäußert, und nun bestand er darauf, daß er nicht gezwungen gewesen wäre, einen zu stehlen, wenn ich nicht nach einem neuen Wagen gefragt hätte. Er sagt, ich zwinge ihn dauernd, Dinge zu tun, die er nicht tun wolle. Und ich vermute, er hat recht. Wenn ich nicht darum gebeten hätte, dann hätte er keinen Grund gehabt, Dinge für mich zu stehlen, die er sich nicht leisten kann. Wenn er dies so darstellt, dann fühle ich mich schuldig, daß ich so selbstsüchtig und unbesonnen bin, und es tut mir so leid, daß ich meinen Mann so unter Druck gesetzt und ihm soviel aufgeladen habe".

Aus ihrer sonderbaren Erzählung ging recht deutlich hervor, daß ihr Mann ein schlauer alter Fuchs war. Früher wunderte ich mich, wenn ich solch unsinnige Anschuldigungen hörte, aber heute tue ich es nicht mehr. Heute macht mich die ausgesprochene Leichtgläubigkeit einiger Menschen beinahe krank. Ist es vorstellbar, daß sie jedes Wort glaubte, was sie sagte? Sie tat es.

Ich konnte ihr helfen aufzuwachen, indem ich ihr zuerst zeigte, daß sie niemanden zwingen kann, zu stehlen, wenn sie nicht einen Revolver an dessen Schläfe setzt und ihm droht, sein Gehirn auszupusten, wenn er nicht stielt. Und selbst dann kann sie ihn nicht zwingen, wenn er es nicht möchte, da er sich immer dafür entscheiden kann, unter solchen Umständen lieber zu sterben. Dann zeigte ich ihr, daß ihr Mann kein Rückgrat hatte, sonst hätte er den

Mut gehabt, ihr zu sagen, daß er kein Geld für einen neuen Wagen hat. Er hätte sich sagen können, daß es zwar unangenehm gewesen wäre, wenn seine Frau schlecht von ihm gedacht hätte, aber bestimmt keine Katastrophe. Hätte er so gedacht, dann hätte er die unschuldige Bemerkung in das eine Ohr hinein und in das andere Ohr hinausgehen lassen können.

Der schlaue alte Fuchs tat das jedoch nicht, da er so abnormal stolz war, daß er nicht zugeben wollte, kein Zauberer oder Millionär zu sein. In Anbetracht dieser Fehler, die er hatte, war es einfach, die logische Frage zu stellen: „Nun, Frau Schäfer, wie können sie sich für etwas verantwortlich machen, für das ihr Mann eindeutig verantwortlich war?"

„Ich glaube, ich kann ihnen soweit folgen, aber wie steht es mit seinem Argument, daß nichts von alledem passiert wäre, wenn ich nicht den Wunsch nach einem neuen Wagen geäußert hätte. Sie müssen zugeben, daß all dies wahrscheinlich nicht passiert wäre, wenn ich nicht den Wunsch geäußert hätte. Ist das nicht so?"

„Ja", stimmte ich ihr zu. „Vielleicht wäre nichts von all dem passiert, wenn sie nicht vorgeschlagen hätten, einen neuen Wagen zu kaufen. Nur weil sie diese Bemerkung gemacht haben, heißt das aber nicht, daß sie für das verantwortlich sind, was danach folgte. Ich stimme zu, daß sie einen indirekten Anteil an der Verantwortung haben, da sie die Bemerkung machten. Aber wenn das zutrifft, dann gibt es eine Menge Leute, die sich die Schuld für sein Verhalten auch teilen sollten, und denen es leid tun sollte, was sie ihrem armen Mann antun".

„Wer zum Beispiel?"

„Zum Beispiel der Autohersteller, der so schöne Autos baut. Und die Firma, für die ihr Mann arbeitet, da sie ihm nicht genug bezahlt, um einen teuren Wagen zu kaufen, wenn er einen möchte. Und das soziale System, in dem wir leben, das besagt, daß wir für die Dinge bezahlen müssen, die wir wollen. Sind nicht all diese auch indirekt schuld an der Handlung ihres Mannes? Aber würden sie diese ernsthaft dafür verantwortlich machen und behaupten, diese haben ihn gezwungen zu stehlen?"

Die Diskussion ging so weiter bis zum Ende unseres Gesprächs. Aber gegen Ende konnte sie meine Schlußfolgerung erkennen und die Mätzchen ihres Mannes als das ansehen, was sie waren. Nach einer Weile konnte sie ihn als einen schwachen Kerl ansehen, der sehr nach der Liebe seiner Frau trachtete und dumm genug war, beinahe alles zu tun, um sich ihres Respekts zu vergewissern, aber auch als jemand, der sich so sehr verteidigte, daß er sein eigenes Verhalten nicht klar sehen konnte, und dann das Mitgefühl der anderen ansprach, indem er ihnen wegen einer harmlosen Sache Schuldgefühle einimpfte, während sie gleichzeitig viel Mitgefühl für ihn hatten.

Lernen Sie diese Lektion in Ihrem Leben früh und Sie werden sich eine Menge Kummer ersparen: Niemand kann Sie zwingen, etwas zu tun, außer mit Gewalt. Die Menschen tun, was sie tun, da sie es möchten oder Angst haben, Ihnen einen Korb zu geben, da sie Ihre Wertschätzung so sehr brauchen. In beiden Fällen sind diese selbst für das verantwortlich. Lassen Sie es also niemals zu, daß diese Sie kritisieren oder Ihr Mitleid erwecken, wenn sie freiwillig eine Torheit begangen haben.

Ein paar abschließende Ratschläge

1. Ihre depressiven Verstimmungen werden aufhören, selbst wenn Sie nichts dagegen unternehmen. Verzweifeln Sie also nicht, wenn Sie deprimiert sind. Die Sonne ist nur hinter den Wolken. Das ist eine der wenigen glücklichen Seiten an depressiven Verstimmungen, was man von Ärger oder Angst nicht sagen kann. Es ist möglich, praktisch das ganze Leben furchtsam, ängstlich und schüchtern zu sein. Und es ist vollkommen möglich, an fast jedem Tag des Lebens nachtragend, verbittert, haßerfüllt und ärgerlich zu sein. Wenn Sie jedoch eine Phase der depressiven Verstimmung haben, dann können Sie sich einer Sache sicher sein: Ob Sie dagegen Tabletten nehmen oder nicht, sie wird aufhören; auch wenn

Sie nichts dagegen tun, dann werden die depressiven Verstimmungen enden.

Gleichgültig, wie niedergeschlagen und unglücklich Sie sich manchmal fühlen, versuchen Sie daran zu denken, daß diese Gefühle eines Tages der Vergangenheit angehören werden. Sie können sich darauf verlassen. Sie müssen sich nicht das Leben nehmen, um über Ihr Elend hinwegzukommen, alles, was Sie benötigen, ist Geduld.

2. Die Gedanken und Vorschläge, die ich in diesem Buch beschrieben habe, sind vernünftig, und sie werden jedem helfen, der an seelisch bedingten Depressionen leidet. Ich persönlich konnte einigen Menschen sehr erfolgreich helfen, bei denen ich, ehe ich meine Theorie der Depressionen aufgestellt hatte, meine Hände gefaltet und gehofft hätte, daß ich etwas für sie tun könnte. Mein Ansatz hat die hartnäckigsten Depressionen gelindert, die ich in meiner Praxis erlebt habe.

Die Lebenshilfe-Bibliothek aus der Hand erfahrener Therapeuten

Doris Wolf
Übergewicht und seine seelischen Ursachen
3. Auflage
ISBN 3-923-614-09-8

Doris Wolf
Einsamkeit überwinden
2. Auflage
ISBN 3-923614-14-4

Rolf Merkle
Auch Du kannst mehr aus Deinem Leben machen
2. Auflage
ISBN 3-923614-16-0

Doris Wolf / Rolf Merkle
Gefühle verstehen Probleme bewältigen
6. Auflage
ISBN 3-923614-18-7

Doris Wolf
Wenn der Partner geht
2. Auflage
ISBN 3-923614-11-X

Doris Wolf / Rolf Merkle
Verschreibungen zum Glücklichsein
4. Auflage
ISBN 3-923614-04-7

Die aufrüttelnde Geschichte einer Selbstfindung

Eine persönlich schwere Krise zwingt Christiane, ihr bisheriges Leben zu überdenken. Sie erkennt, daß sie sich bisher aus Angst vor Ablehnung zu sehr nach anderen gerichtet hat. Sie beschließt, ihr Leben zu ändern. Sie will sich und ihre Wünsche nicht länger verleugnen. Sie beschreibt den inneren Wachstumsprozeß auf dem Weg zu ihrer Selbstfindung. Sie schildert wie sie lernte, mehr auf sich selbst zu vertrauen, sich durchzusetzen und mit der Ablehnung durch andere umzugehen. Offen berichtet sie über ihre Erfolge, aber auch Fehlschläge und Schwierigkeiten auf dem Weg zu sich selbst. Christiane beschreibt diesen Prozeß der Selbstfindung auf eine Art und Weise, daß man beim Lesen nicht unbeteiligt bleiben kann. Ob man will oder nicht; man wird angeregt, über sein eigenes Leben nachzudenken und man ist motiviert, sich auch auf den Weg zu sich selbst zu machen.

Christiane sagt zu ihrem Buch: „Ich hoffe, daß meine Gedanken und Erfahrungen vielen Menschen Mut machen, das Leben zu führen, das sie führen möchten. Wir alle haben ein Recht auf uns und unsere Wünsche und Träume".

Christiane Völkner-Schmitz
Wie ich zu mir selbst fand
ISBN 3-923614-19-5